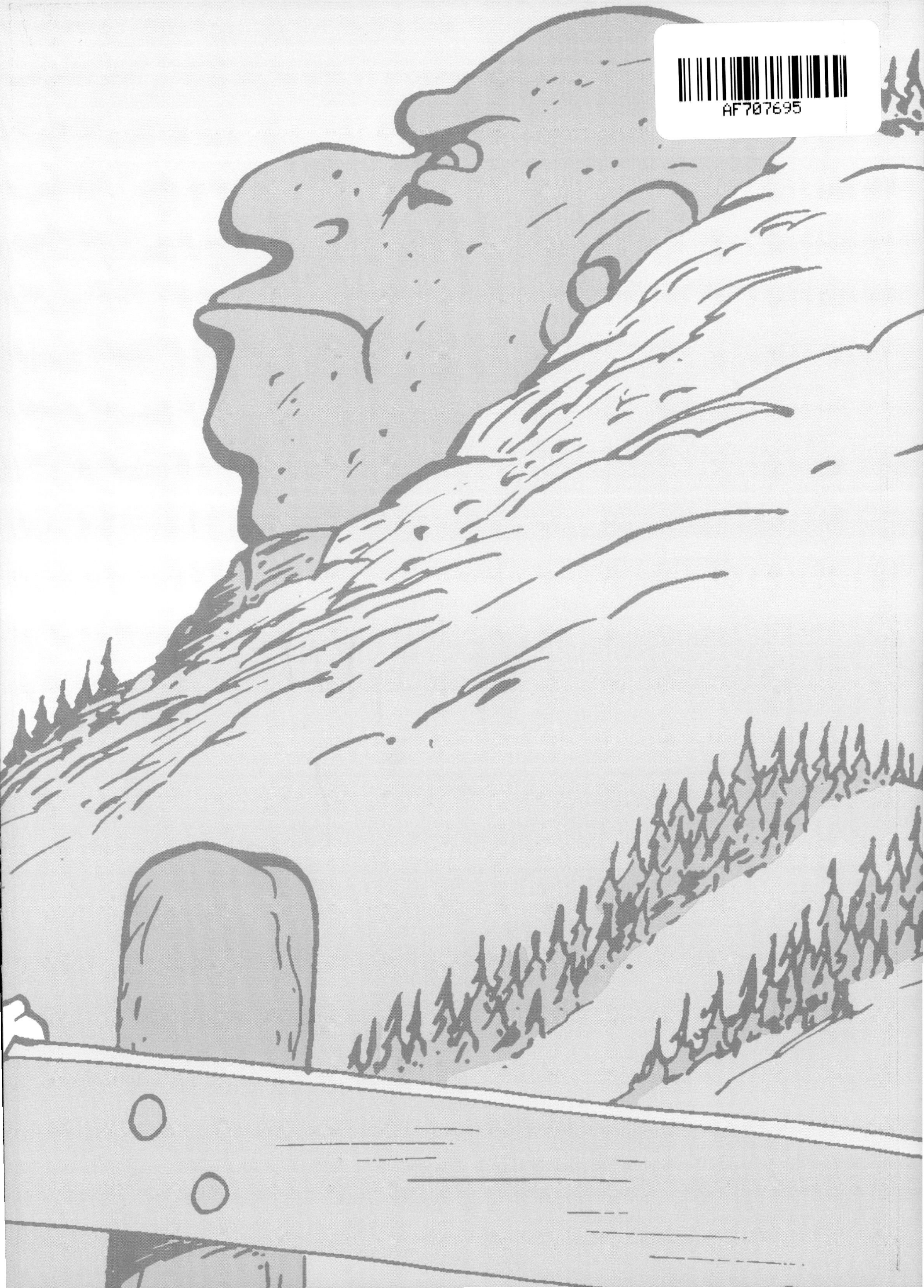

AF707695

Reiseführer ENTENHAUSEN

Die schönsten Sehenswürdigkeiten

Jürgen Wollina

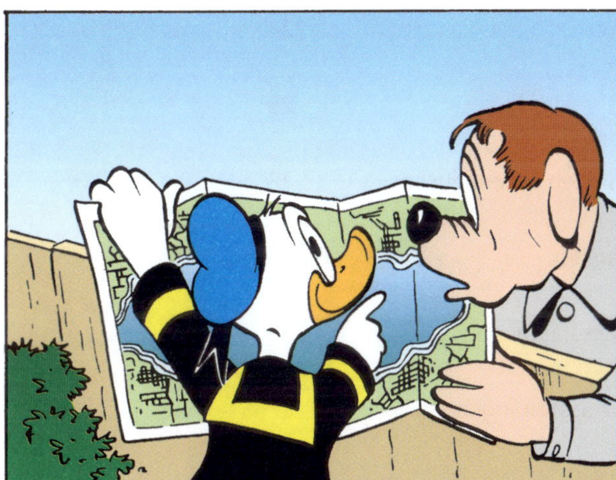

COMIC COLLECTION
EGMONT

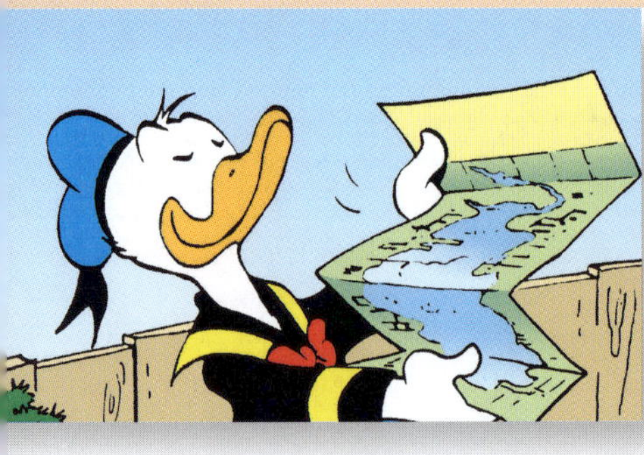

Inhalt

Reisender, kommst du nach Entenhausen ...

Lieber Freund und Gast Entenhausens,

mit diesem Reiseführer und dem dazugehörigen Stadt- und Umgebungsplan sind Sie bestens ausgerüstet, um diese aufregende Metropole gründlich kennenzulernen. Ich bin mir sicher, dass jeder Aufenthalt für Sie ein unvergessliches Erlebnis sein wird. Meine besten Wünsche mögen Sie auf Ihren Wegen durch diese fantastische Stadt begleiten.

Ihr Jürgen Wollina

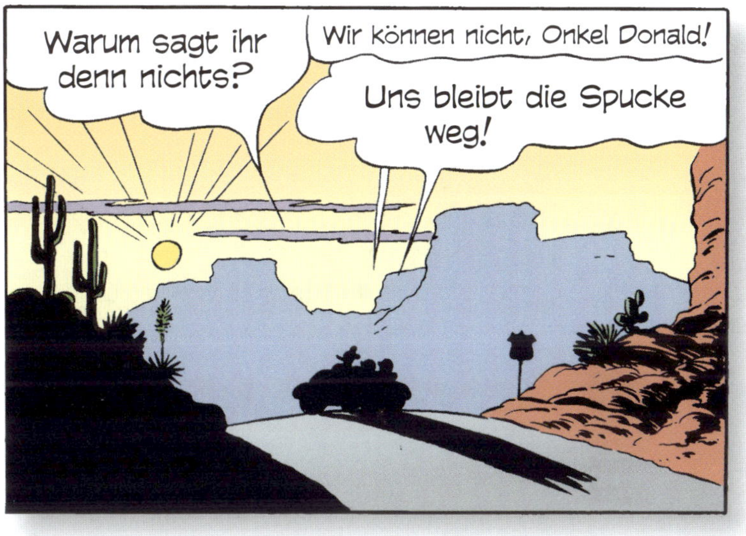

Sie sind in New York am Broadway gewesen, haben in Paris den Eiffelturm bestiegen, sind in Berlin über den Kurfürstendamm geschlendert und denken jetzt natürlich, Sie kennen die Welt?!

Nein, nein, von wegen!

Nur wer **Entenhausen** gesehen und kennengelernt hat, kann von sich sagen: „Ich kenne die Welt!" Diese pulsierende Metropole, diese absolute Krönung, die dem Vergleich mit anderen bedeutenden Touristenmagneten mehr als nur standhält, muss man einfach gesehen haben!

Denn hier trifft alles zusammen, hier finden Sie, was Sie anderswo vergeblich suchen: die monströsesten Monumente, die musealsten Museen, die seidenweichsten Sandstrände, gipfellockende Gebirge, wanderfreundliche Wälder mit noch nie gesehener Flora und Fauna, fliederblaue Flüsse und Seen. All das begegnet Ihnen in großer Zahl.

Kunst und Kultur vom Allerfeinsten können Sie hier bestaunen. Dazu bietet Entenhausen ein reges und buntes Vereinsleben, hier treffen sich die berühmtesten Persönlichkeiten unterschiedlichster Fakultäten aus den Gebieten der Wissenschaft, der Kunst und des Sports, die dunkelsten Denker, die langsamsten Läufer, dazu eine Unzahl Professoren und Doktoren aller Fachgebiete. Besonders zu erwähnen sind natürlich die großen Erfinder, angeführt von dem weltbekannten Daniel Düsentrieb, die hier ihre Inspirationen zu ihren unübertroffenen Erfindungen bekamen.

Erwähnt sei hier nur beispielhaft ein erster Preis eines **Entenhausener Erfinderkongresses**, die bahnbrechende Erfindung des „Dunkellichts" (eine schwarze Glühbirne, die man anknipst, und dann ist es duster!). Leider musste das Patent nach einem verheißungsvollen Start bis heute streng unter Verschluss gehalten werden, da die Panzerknacker-Bande nichts eiliger zu tun hatte, als überall, wo sie ihre Beutezüge plante, die tollen neuen schwarzen Birnen einzuschrauben und dann ungeniert und unbemerkt einzustecken, was ihr gerade in die Finger kam. Jammer-, jammerschade um diese geniale Erfindung!

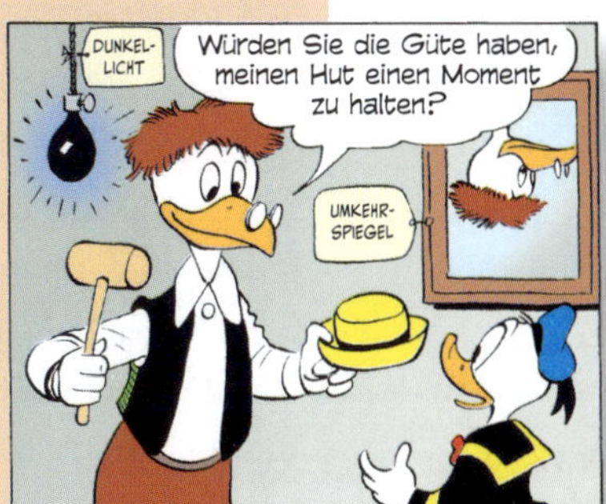

Das Dunkellicht, Patent 76084.

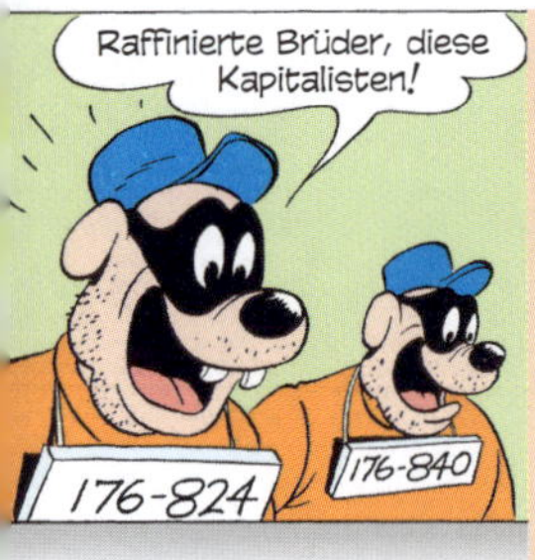

Übrigens … die Panzerknacker-Bande AG … Hierbei handelt es sich um eine Gaunerorganisation mit einer nicht bekannten Zahl von Mitgliedern, die es in erster Linie auf Dagobert Duck, den reichsten Mann der Welt, und seine Geldspeicher abgesehen hat. Es hält sich hartnäckig das Gerücht, dass die ganze Bande vom Geheimdienst gesteuert ist, damit sie verhindert, dass der Zentrifugillionär Dagobert Duck aufgrund seines immensen Reichtums zu mächtig und damit unberechenbar wird. Dafür spricht u. a., dass die Panzerknacker in voller Maskierung unbehelligt in der Stadt herumlaufen und ihr Unwesen treiben können. Beschwerden gibt es hauptsächlich nur über den bei ihren Einbruchsversuchen verursachten Lärm.

Anreise

Es spielt übrigens keine Rolle, von wo aus man sich Entenhausen nähert, ob von Westen aus übers Meer mit einem der mächtigen Ozeanriesen, die Entenhausen unentwegt ansteuern und von hier aus in alle Welt hinausschippern, oder mit dem Zug von Norden oder Süden. Wenn es beliebt, kann man auch die Autobahn benutzen, um zwischen Bergen und der nahen Wüste Entenhausen von Norden her zu erreichen.

Weitere Möglichkeiten, die Metropole anzusteuern, wären eine bemerkenswerte Fahrt über die Rocky Mountains im Osten oder das riesige Adlergebirge im Südosten. Auch der Düsenjet sowie Propellermaschinen sind willkommene Transportmittel, denn es stehen Ihnen in Entenhausen immerhin drei Flughäfen zur Verfügung.

Unterbringung

Einmal in Entenhausen angekommen, fragt man sich natürlich, wie es hier um die Gastfreundschaft bestellt ist. In Entenhausen gab es schon immer hervorragende Unterbringungsmöglichkeiten für Touristen. Entenhausen besitzt zum Beispiel das **Grand-Hotel Ritz**[1], das sowohl den Fantastilliardär Dagobert Duck als auch den schwerreichen Grafen Baloni (sowie dessen Doppelgänger!) zu seinen Gästen zählen durfte, weiterhin das **Grand-Palast-Hotel**[2], das für seine 5-Taler-Kirschen auf Pfadfinder-Eisbechern berühmt geworden ist, oder das **Palasthotel**[3], auf dessen Dachterrasse sich die berühmtesten Männer der Stadt versammeln, das **Golfclub-Hotel**[4], das **Savoy-Hotel**[5], in welchem der Klub der Zweifler zu zweifeln pflegt und einen damit zur Verzweiflung treibt, nicht zu vergessen das **Wüstenhotel Oasentraum**[6] in der Wüste nordöstlich von Entenhausen an den Ausläufern der Rocky Mountains, das eine vor vielen Jahren erfolgte versehentliche Anbohrung seiner warmen Quellen bestens überstanden hat.

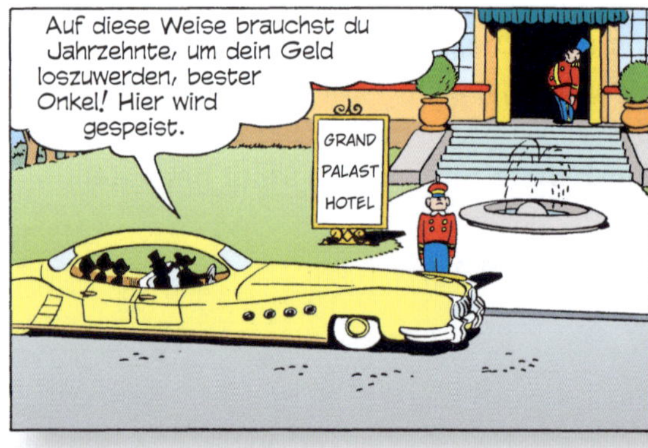

Das „5-Taler-Kirschen-Hotel". →

Man war also immer schon auf Gäste eingerichtet und das ist auch nötig, denn Entenhausen gewinnt ständig an Ansehen – allein schon wegen seiner herrlichen Strände und Buchten, von denen hier nur die **Bahamalulu-**[7] **(E5)** und die **Mondbucht**[8] **(F4)** erwähnt sein sollen. Darüber hinaus erfreuen landeinwärts schier zahllose Seen, angefangen beim **Großen Erpelsee**[9] **(E-F/13-15)** im Osten bis hin zum immer wieder mal zugefrorenen **Eisbärensee (H9)**, in dem Donald Duck wegen einer missglückten Wette beinahe ein unfreiwilliges winterliches Eisbad nehmen musste.[10]

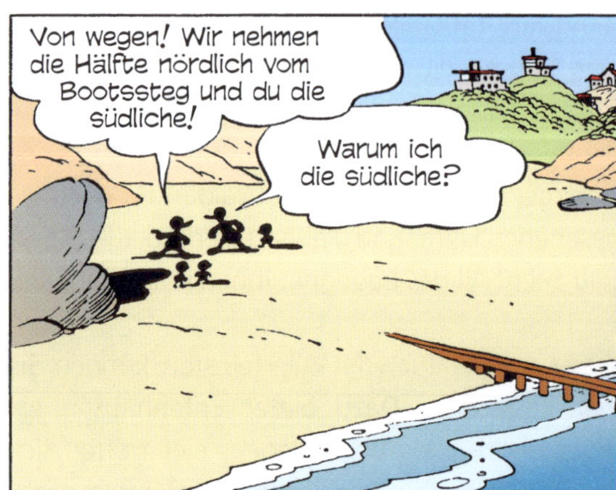

Idyll an der Mondbucht. →

Klima/Wetter

An dieser Stelle kommen wir kurz zum **Wetter** in Entenhausen: Es zeigt sich über die Jahreszeiten seiner geografischen Lage an der Küste entsprechend überwiegend freundlich. Herausragende Jahres- und damit Reisezeit ist allerdings der Frühling, denn neben dem dann vorherrschenden milden Klima begeistert zusätzlich noch die überall präsente Blütenpracht. Die Sommer können dagegen mitunter recht schwül und in den Buchten vormittags recht nebelverhangen sein und der Herbst kann sich immer wieder ganz spontan abenteuerlich stürmisch und frostig präsentieren und ist somit recht wechselhaft. Raue See gibt es deshalb dann nicht nur bei Gumpensund[11], wo das Wasser heute noch bis an die Oberfläche mit versunkenen Schiffen gespickt ist. Entenhausens Winter sind mild, in den Bergen hingegen absolut schneesicher. Es findet sich hier auch ein abwechslungsreiches Mikroklima: Während in schwindelnder Höhe Skifahrer unterwegs sind, genießen im Sommer gleichzeitig die Sonnenanbeter die wohltuende Sonnenwärme an der Küste. Wegen der wechselnden Wetterlagen sollte man jedoch sicherheitshalber immer einen Schirm dabeihaben. Daran ändert auch der menschliche Einfluss auf das Wetter nichts, dem wir in Entenhausen immer wieder begegnen können.[12]

Zahlungsmittel

Denken Sie daran, genügend Taler und Kreuzer dabeizuhaben, die gängige Währung in Entenhausen, wobei 100 Kreuzer einem Taler entsprechen. Aber Achtung! Ein Geldwechsel direkt vor Ort empfiehlt sich nicht unbedingt, da sich hier der Einfluss des Monopolkapitalisten Dagobert Duck und seines duckschen Bankhauses gleich durch einen denkbar schlechten Wechselkurs bemerkbar macht und man sich nicht länger wundern muss, wie es zu dieser gewaltigen Ansammlung von Bargeld in der Stadt kommen konnte. Also bringen Sie für größere Vorhaben unbedingt genügend Taler mit, die Sie übrigens in unbegrenzter Höhe einführen dürfen. Kleinere Summen können Sie auch im duckschen Bankhaus wechseln. Dabei wird Ihnen zwar kein Einblick in

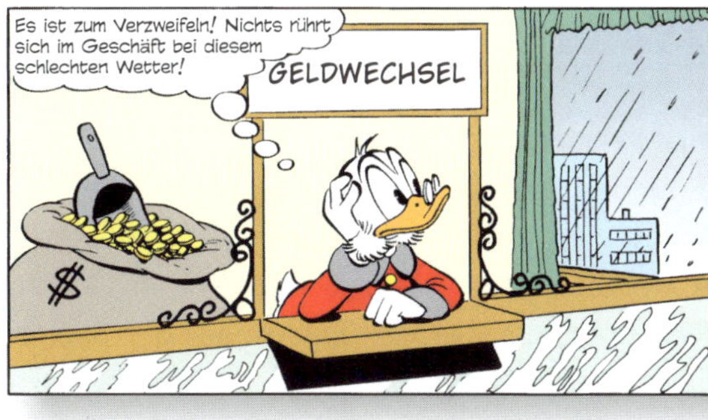

Glück gehabt! Ab und zu bedient hier Dagobert Duck noch ganz persönlich.

den Geldspeicher gewährt, aber immerhin kann es passieren, dass Sie vom Industriemagnaten Dagobert Duck persönlich bedient werden!

Veranstaltungen

Zu diesem Thema finden sich in den folgenden Kapiteln noch ausführliche Hinweise. Als ein beeindruckendes Beispiel sei hier nur die **Entenhausener Herbstparade**[13] kurz erwähnt, die „für unsere vierbeinigen und gefiederten Lieblinge" stattfindet und die Donald Duck einmal mit einem Rad fahrenden Hahn gewinnen wollte.

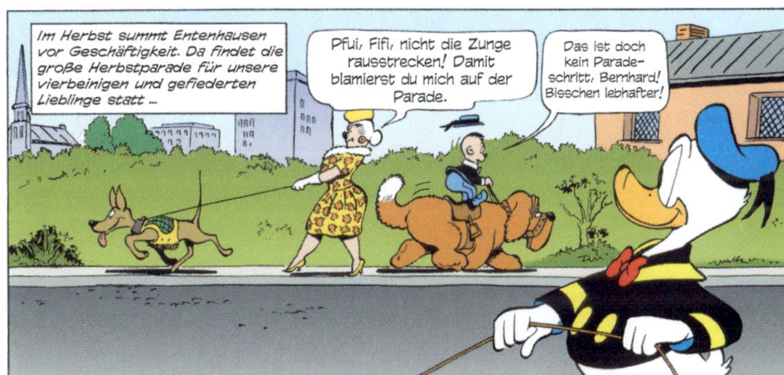

Wettstreit der Tierfreunde.

TABUS – Was Sie unbedingt vermeiden sollten!

Alle Völker haben irgendwelche ganz speziellen Eigenheiten, auf die man unbedingt Rücksicht nehmen sollte: In Italien sollten Sie beispielsweise eine Kirche nur in angemessener Bekleidung, also mit bedeckten Schultern und Beinen, betreten, Thailänder darf man auf keinen Fall am Kopf berühren, in den USA sind bei Taxifahrten 15 bis 20 Prozent des Fahrpreises als Trinkgeld die Regel, in Frankreich sollten Sie bei Bahnfahrten nie ein Gepäckstück ohne Adressanhänger rumstehen

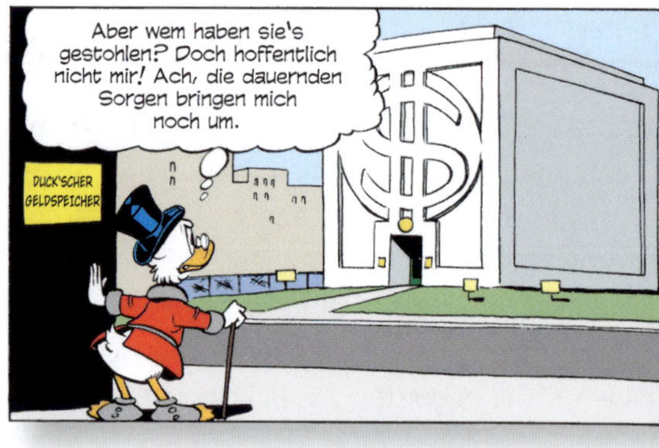

Dagobert Duck vor seinem Geldspeicher ➔

lassen – sonst wird es nämlich sofort konfisziert! –, in Japan sollte man nie nur mit *einem* Finger auf eine Person zeigen ---

--- und in Entenhausen gilt es als **absolutes Sakrileg**, wenn Sie nach Entenbraten verlangen. Abgesehen davon, dass Sie so was in keinem Restaurant der ganzen Gegend auf der Speisekarte finden, schon die Frage danach ist völlig unmöglich! Was aber wiederum selbst die Mitglieder der Familie Duck nicht hindert, zumindest zu Weihnachten Gänsebraten zu essen.

Und noch was: Wenn Sie ein leidenschaftlicher Angler sind und diesem Hobby auch während Ihres Aufenthalts in Entenhausen frönen wollen – vergessen Sie um Himmels willen Ihren Angelschein nicht! Eine frevelhaftere Tat ist in Entenhausen kaum vorstellbar!

Zuletzt noch ein gut gemeinter Rat: Halten Sie Ihr Geld zusammen und nehmen Sie an keiner Lotterie oder irgendwelchen Preisausschreiben oder Wettbewerben teil! Gustav Gans, das Schoßkind des Glücks, gewinnt ohnehin immer und den Frust und die Blamage sollten Sie sich nicht antun!

Doch zuerst wollen wir uns ausführlich mit Entenhausens berühmtesten Sehenswürdigkeiten, seinen einmaligen Prachtbauten und mit seiner Stadtgeschichte befassen. Und wir widmen uns ganz besonders den sieben noch stehenden über die ganze Stadt verteilten Geldspeichern des alten Goldgräbers Dagobert Duck. Aus verständlichen Gründen sind sie nicht für den Tourismus zugänglich, wofür oft schon das waffenbestückte Umfeld spricht. Auch bei seinem Zentralspeicher zwischen der Distel- und der Scharrerstraße, in dem sich die Hauptverwaltung seines weltumspannenden Imperiums sowie sein persönliches Büro befinden, macht Dagobert Duck dabei keine Ausnahme.

Man kann jedoch jederzeit ein wenig Speicherflair genießen, wenn man kleinere Geldbeträge in einem der duckschen Bankhäuser und ihren Wechselstuben umtauscht. Niemanden lassen die ungeheuren Dimensionen der Geldspeicherbauten unbeeindruckt und es ist schon ein Erlebnis, sich diesen Kolossalbauten von außen zu nähern.

Und jetzt werden Sie richtig neugierig geworden sein auf Entenhausen, diese ungewöhnliche, wuselige Weltstadt, die sich dabei in vielen Bereichen den liebenswerten Charme vergangener Zeiten bewahrt hat, und darum folgt nun die ausführliche Beschreibung der interessantesten und aufregendsten Sehenswürdigkeiten, wobei Sie unter anderem auch die Zoologischen Gärten mit all ihrer Vielfalt und ihren „Entenhausener Exoten" kennenlernen! Und Sie werden mit der Kunst im öffentlichen Raum konfrontiert und mit einer Menge mehr!

---

[1] „Die Weihnachtsgans" (BARKS LIBRARY 22/4 – WDC 148).
[2] „Die Kunst, Geld auszugeben" (BARKS LIBRARY 21/5 – WDC 144).
[3] „Die Freuden des Drachensteigenlassens" (BARKS LIBRARY 8/2 – WDC 68).
[4] „Die Riesenroboter" (BARKS LIBRARY Dagobert Duck 31/2 – U$ 58/1).
[5] „Besuch vom Planeten Diana" (BARKS LIBRARY Dagobert Duck 35/1).
[6] „Die Wünschelrute" (BARKS LIBRARY 16/4 – WDC 109).
[7] „Der Regatta-Spezialist" (BARKS LIBRARY Dagobert Duck 17/2 – U$ 27/3).
[8] „Wer sucht, der findet" (BARKS LIBRARY 15/2 – WDC 103).
[9] „Friedliche Ferien" (BARKS LIBRARY 21/3 – WDC 142).
[10] „Die Wette" (BARKS LIBRARY 12/2 – WDC 88).
[11] „Der Spuk von Gumpensund" (BARKS LIBRARY Dagobert Duck 15/1 – U$ 23/2).
[12] „Der Regenmacher" (BARKS LIBRARY 24/2 – WDC 156).
[13] „Die Entenhausener Herbstparade" (BARKS LIBRARY 48/3) – WDC 277).

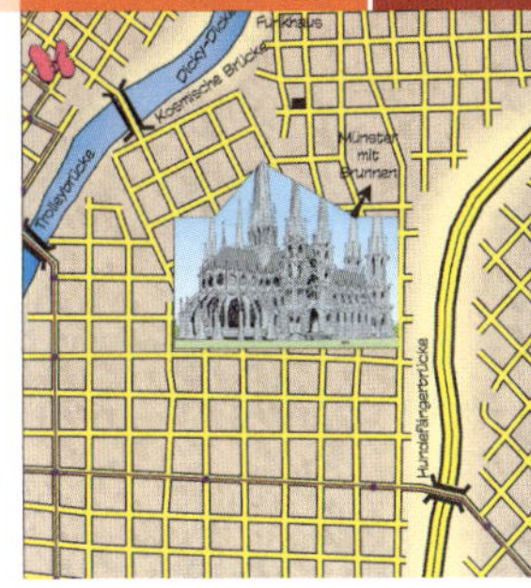

Das Entenhausener Münster[14] [Notre Duck]

(G8)

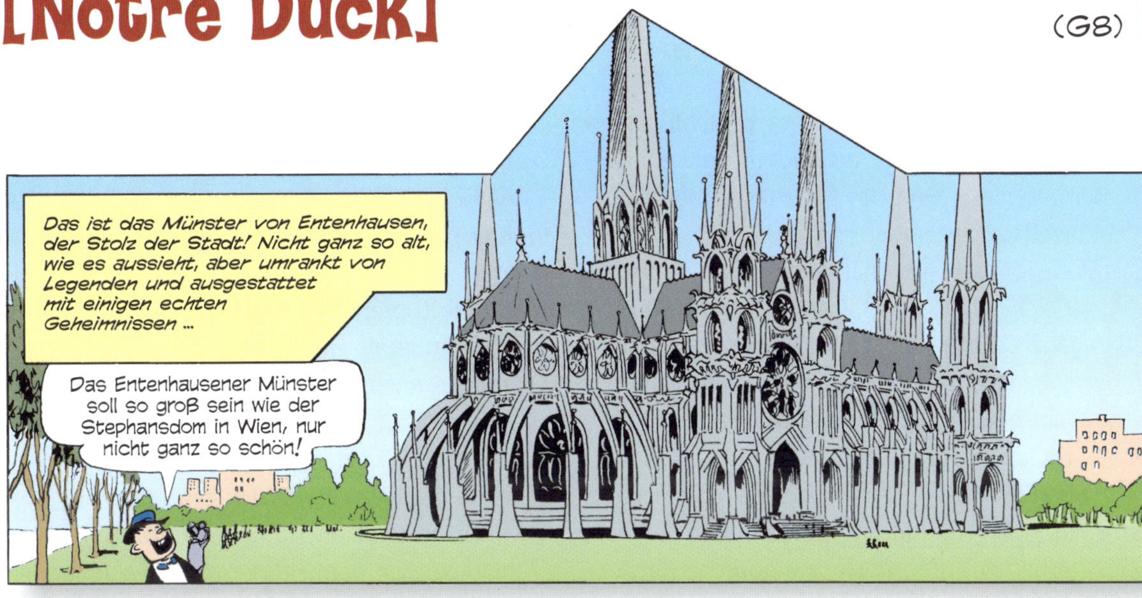

Hochgotik im Stadtzentrum.

Entenhausen ist bekannt für sein tolerantes Miteinander der verschiedensten Kulturen und so auch der verschiedensten Religionen. In und um Entenhausen finden sich viele Kirchen. In den Vororten zwar nicht mit absoluter Regelmäßigkeit, jedoch in der Stadt selbst dafür überall. Das wohl überragendste und berühmteste Bauwerk ist das Entenhausener Münster inmitten einer großzügigen Freifläche direkt im Zentrum, von den Einwohnern liebevoll „Notre Duck“ genannt. Dieses großzügig ausgestattete Bauwerk konnte nur fertiggestellt werden, nachdem Dagobert Duck, der reichste Mann der Welt, den Bau und damit die Stadt mit einer überaus reichen Spende unterstützt hatte. Dagobert Duck hat von jeher auch eine durchaus soziale Ader, obwohl er sich im Allgemeinen nur sehr schwer von seinen Talern trennt.

Dieses Münster gilt geradezu als **der** Touristenmagnet. So kommt der Vergleich mit dem Kölner Dom nicht von ungefähr, der ja bekanntlich die Liste der meistbesuchten Sehenswürdigkeiten Deutschlands mit über sechs Millionen Besuchern jährlich anführt.

Und wenn ein Entenhausener auch, wie verbürgt, keck behauptet: „Das Entenhausener Münster soll so groß sein wie der Stephansdom in Wien, nur nicht ganz so schön“, dann ist das nur ein Ausdruck von dessen Bescheidenheit, denn wenn auch die 107 Meter Länge des Wiener Stephansdoms und dessen Breite von 34 Metern nur um ein Haar erreicht werden, imponiert doch der Turm des Münsters mit seinen 137 Metern Höhe, womit er den Stephansdom sogar noch um einen guten halben Meter überragt!

Und von wegen „nicht ganz so schön“! Das Entenhausener Münster lässt den Atem des Beschauers stocken! Wenn man bedenkt, dass sogar vor Jahren schon der in Fachkreisen bekannte

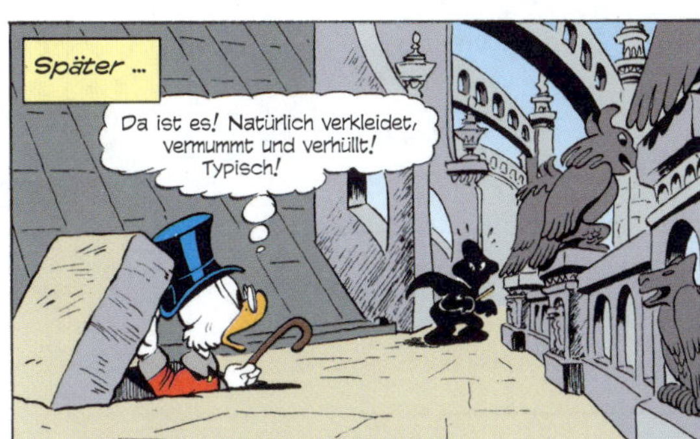

Dagobert Duck und das Münstermännchen.

Architekturkritiker Christian Baron eine nicht zu übersehende Ähnlichkeit des Münsters von Entenhausen mit der Kathedrale von Reims in Frankreich feststellte, ist das Gebäude ein Faszinosum. Auch wenn es sich in Reims um eine doppeltürmige Basilika handelt, finden sich in allen anderen Details erstaunliche Parallelen zum Münster von Entenhausen. Selbstverständlich wurde hier nachempfunden, denn das Münster ist natürlich nicht bereits zu Zeiten der Hochgotik entstanden! (Als Hochgotik versteht man übrigens einen Baustil, der sich um 1250-1350 von Nordfrankreich über ganz Europa ausbreitete.) Aber dass man in Entenhausen ständig nach Höherem strebt, ist ja nicht erst seit dem Seidelbast-Memorial im Naturschutzpark Dürrewald bekannt! Die Niagarafälle brauchte man glücklicherweise nicht nachzubauen, denn hier hat die Gumpe selbst bereits ganze Arbeit geleistet, doch eine gotische Kirche war geradezu „ein Muss". Und was für eine Kirche! Majestätisch, Achtung gebietend, frei stehend präsentiert sie sich auf einer prächtigen Rasenfläche direkt im Stadtzentrum. Der Anblick der prunkvollen Ausstattung mit Elementen der Hochgotik ist ein einmaliges, unvergessliches Erlebnis für jeden Besucher.

Schon die außen angebrachten wuchtigen Strebewerke, durch die die enormen Druck- und Schubkräfte abgeleitet werden, flößen dem Beschauer Ehrfurcht ein. Durch diese doppelten und dreifachen Strebebögen konnte man auf größere Wandflächen verzichten, was dazu führte, dass man breitere und höhere Glasfenster einsetzen konnte. Auch in Entenhausen bestechen diese durch ihren Lichteinfall und die Formgebung ganz besonders. Aber nicht nur die Strebepfeiler mit ihren gekrönten Fialen, sondern auch allerlei anderer Zierrat am Äußeren des Münsters sind ein Augenschmaus. Höchst bemerkenswert ist der Eingangsbereich des Münsters, den ein außergewöhnlicher Brunnen ziert. Er verfügt über Zauberkräfte und geheimnisvolle Fähigkeiten. Wirft man drei Kupfermünzen hinein, darf man einen Wunsch äußern – es gab mal eine Zeit, da hat das Wünschen noch geholfen ...

Auffällig ist, dass der Entwurf des Brunnens denselben fantastischen Künstler erkennen lässt, der auch die allerliebsten Statuetten und Tisch- sowie Stehlampen in den Häusern und Wohnungen vieler Entenhausener Bürger entworfen hat, die ebenfalls eine erstaunliche Liebe zum Detail erkennen lassen!

Darüber hinaus gibt es im Münster allerlei verborgene Falltüren, mysteriöse Katakomben, Geheimgänge, versteckte Türen und sogar drehbare Turmspitzen, was aber den meisten Besuchern verborgen bleiben wird. Unverzeihlich wäre es, die gewaltige kunstvoll gestaltete Orgel unerwähnt zu lassen, deren größte Pfeifen litfaßsäulenähnliche Ausmaße haben. Ein Besuch des Münsters ist daher besonders anlässlich eines der vielen hier fast täglich stattfindenden Orgelkonzerte zu empfehlen! Die genauen Termine sind der Wochenendausgabe des Entenhausener Amtsblatts zu entnehmen.

Der verspielte Wünschelbrunnen.

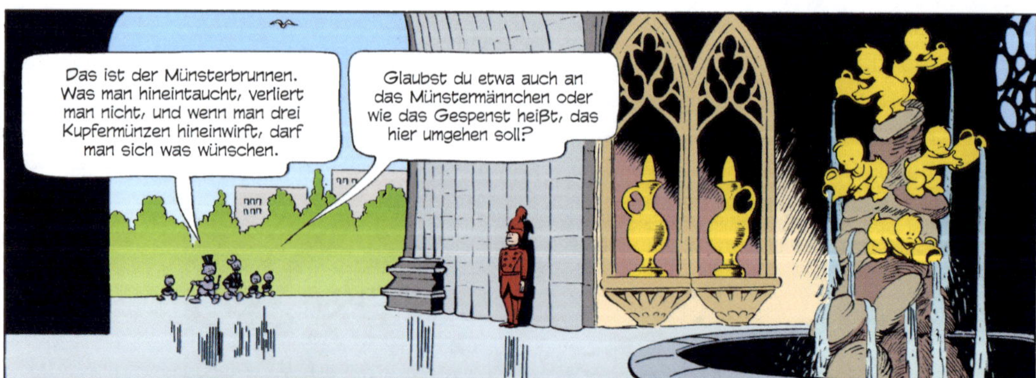

[14] „Das Münstermännchen" (BARKS LIBRARY DAGOBERT DUCK 32/2 – U$ 60).

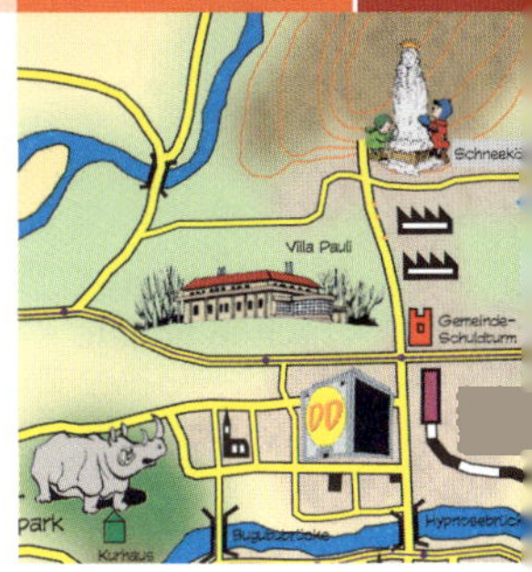

Die Geldspeicher des Dagobert Duck

(E9)

In diesem Kapitel geht es nach dem schon sehr beeindruckenden Münster um die absoluten Spitzenbauwerke von Entenhausen und damit um Sehenswürdigkeiten, die es außer in Entenhausen an keinem Ort zu bestaunen gibt. In der ganzen Welt nicht, denn **Dagobert Ducks Geldspeicher** gibt es nur hier und entgegen einer weit verbreiteten Irrmeinung gibt es nicht nur *einen* davon im Zentrum von Entenhausen – nein, ganze sieben Exemplare sind heute noch zu finden und die sind über das ganze Stadtgebiet verteilt! Einst waren es über die Zeit sogar einmal runde 20, wie noch zu erklären sein wird, aber viele davon wurden Opfer von zu schwacher Bauweise, von Wirbelwinden, Dammbrüchen, Erdbeben, Meteoriteneinschlägen oder ganz einfach der dreisten Panzerknacker-Bande.

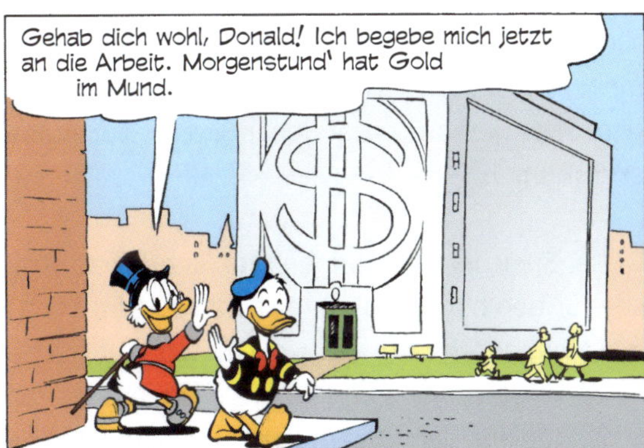

Am Morgen vor dem Hauptspeicher.

Der große **Hauptspeicher** zwischen der Distelstraße und der Scharrerstraße **(E9)** ist eigentlich Dagobert Ducks 13. Geldspeicher und der vierte der noch stehenden. Der hintere Innenraum ist bis dicht unter die Decke vollgefüllt mit Münzen und Scheinen. In den unteren Bereichen findet man Diamanten und andere Edelsteine in gewaltigen Mengen! Der Anblick dieses enormen Reichtums würde einem, und das muss man eigentlich gar nicht besonders erwähnen, selbstverständlich vollkommen die Sprache verschlagen. Man erzählt sich, dass Dagobert Duck von seinen immensen Geldmassen selbst immer wieder so begeistert ist, dass er es als einen Hochgenuss empfindet, „wie ein Seehund hineinzuspringen, wie ein Maulwurf darin herumzuwühlen und es dann in die Luft zu schmeißen, dass es einem auf die Glatze prasselt!" Dieses Spielchen ist für andere jedoch wenig ratsam, was die Panzerknacker bereits am eigenen Leibe, oder besser Kopfe, gespürt haben dürften.[15] Der Trick, wie Dagobert Duck es schafft, seine Geldbäder zu genießen, ohne irgendwelche Blessuren davonzutragen, wird wohl ein ewiges Geheimnis bleiben.

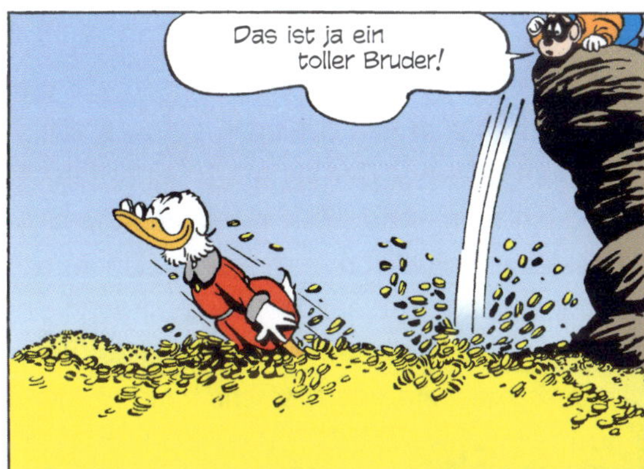

„Seehund" Dagobert bei seinem Geldbad.

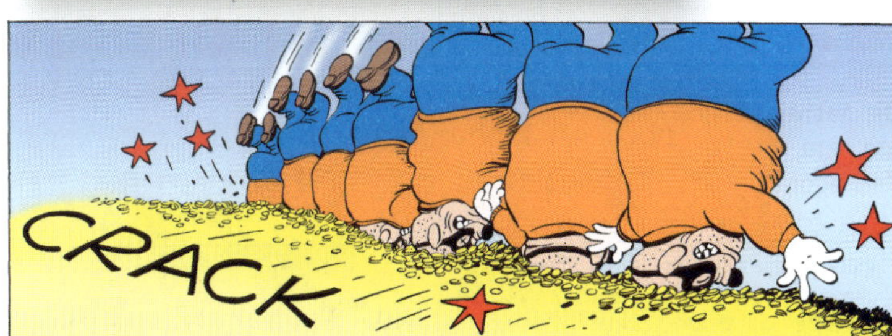

Panzerknackers Geldbad: Schädelbrummen statt Hochgenuss.

Der erste noch vorhandene Speicher befindet sich in einem Bürohaus im Zentrum. Ein zweiter Speicher, der heute noch steht, jedoch wie alle anderen auch nur von außen zu besichtigen ist, ist östlich der Hasenheide in der Nähe des bekannten Geburtshauses von Daniel Düsentrieb 8 **(E5-6)** platziert. Der ist so gewaltig, dass er die umliegenden Hochhäuser mindestens um das Dreifache überragt![16]

So kann man Freunde finden.

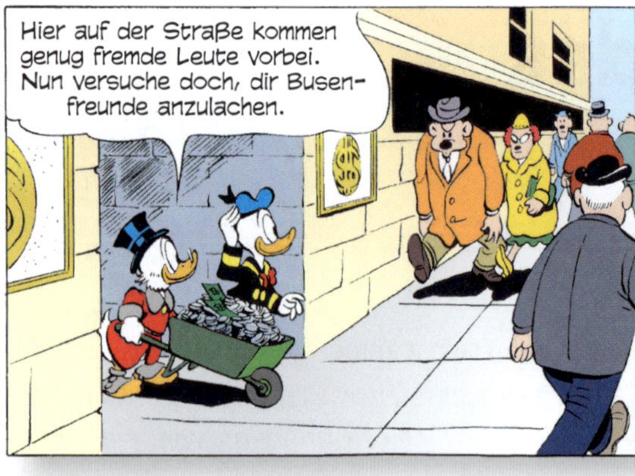

Geld macht nicht immer glücklich! ➔

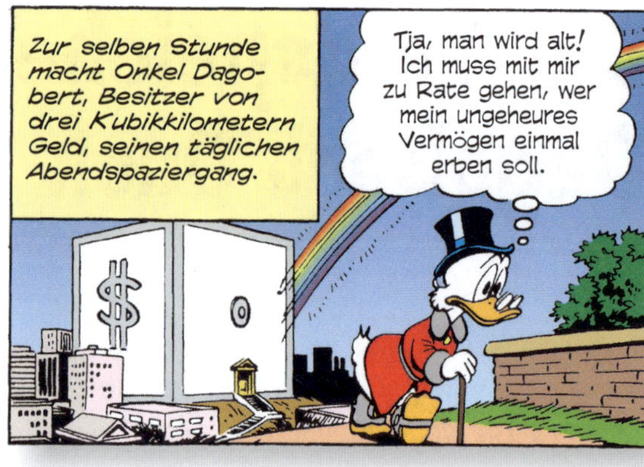

Man bedenke: Dieser Speicher reichte trotzdem für die „drei Kubikkilometer Geld", die der Fantastilliardär Dagobert Duck damals schon besaß, nicht aus. Folglich kam noch ein dritter Speicher südlich des „Kanals" in Sichtweite der Satanszacke hinzu **(H4)** – hier nun wieder hinter einer Bürohausfassade verborgen und somit nicht gleich als Speicher erkennbar![17]

Nach vielen Pannen und Fehlschlägen kam es dann endlich zum Bau des oben schon erwähnten Hauptspeichers. Der könnte zu einer Besichtigung einladen, bleibt aber in seinem Innern für das allgemeine Publikum verschlossen. Ein Besuch wäre aber wirklich zu empfehlen, damit man einmal einen Eindruck bekommt, wie so eine riesige Menge Bargeld auf den Menschen wirken kann. Braucht man das wirklich? Oder eigentlich nicht? Oder wäre es vielleicht doch ganz reizvoll?

Die Sache mit dem Rieselgold.

Nordöstlich des alten Flughafens befindet sich noch ein fünfter Geldspeicher, der sogenannte „Rieselgoldspeicher".[18] **(F7)** Dagobert Duck ließ ihn hier als Ersatz für seinen ersten würfelförmigen Silospeicher errichten. Den alten Speicher hatte gefrorenes Wasser gesprengt und so wurde ein Neubau fällig.

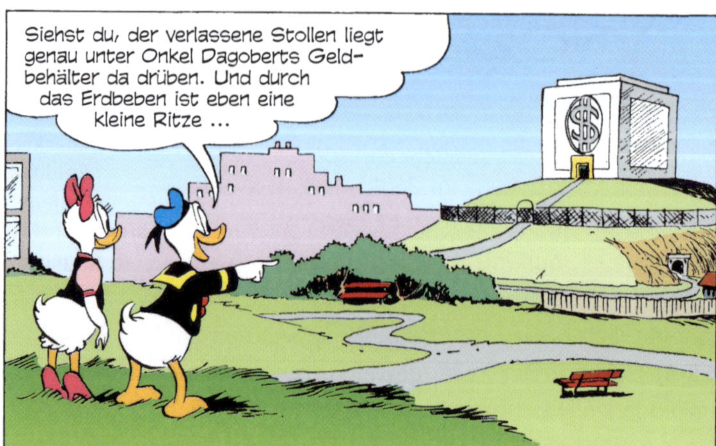

Der sechste noch stehende Speicher fand seinen Standort in Sichtweite des Ausstellungsgeländes im Stadtpark südlich der City.[19] **(H7)** Er ragt dominierend aus dem Stadtpark heraus. Um die Situation um den Speicher etwas aufzulockern und die Silhouette damit interessanter zu gestalten, bedienten sich die Stadtplaner eines Totempfahls und diverser Napoleondenkmäler – Gegenstände, für die man im Völkerkundemuseum keinen Platz mehr fand. Zusätzlich trägt auch ein nicht erst seit dem Speicherbau vorhandener Pavillon zur Auflockerung bei.

Dieser Speicher war übrigens vor langer Zeit Ursache für den berüchtigten „Schwarzen Mittwoch" in Entenhausen, an dem viele Einwohner fluchtartig die Stadt verließen, weil sie urplötzlich von Schwindelanfällen, Haarausfall und anderen üblen Misslichkeiten geplagt wurden. Es stellte sich aber bald heraus, dass die Ursache für diese Übel darin zu suchen war, dass Speicherbesitzer Dagobert Duck an eben diesem besagten Mittwoch diesen Geldspeicher lüftete und die ausströmende Abluft wohl recht unbekömmlich gewesen sein muss! Dieses Lüften des Speichers wurde nach Bekanntwerden der Auswirkungen für immer eingestellt!

Und der siebente noch stehende Speicher ist der sogenannte „Kulturkampfspeicher" auf den Grundmauern des alten Forts an der Scheldrack!

Da es endlich mal an der Zeit ist, mit der Legende von dem *einen* Geldspeicher in der Mitte Entenhausens aufzuräumen, sei jetzt noch kurz und zusammenfassend die Geschichte der Geldspeicher Dagobert Ducks erzählt: Die waren anfangs nämlich noch ganz unauffällig in Bürohäusern untergebracht mit einer zentnerschweren Panzertür ganz oben dicht unter der Decke, damit man dort immer neue Millionen reinstopfen konnte.[20] **(F8)**

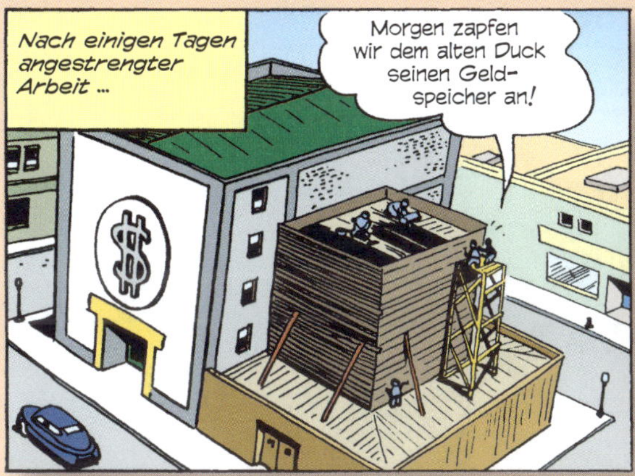

← Panzerknackers Vorfreude.

Doch bald war der erste Speicher so voll, dass nur noch durch das Oberlicht auf dem Dach etwas hineinpasste – doch das war irgendwann echt zu viel! Bei Speicher **1** krachte der Boden durch und für eine Weile war das Geld erst einmal futsch – im Triebsand unter dem Speicher unweit von Kummersdorf versackt. Aber mit viel Aufwand konnte das Vermögen Dagobert Ducks wieder geborgen werden.

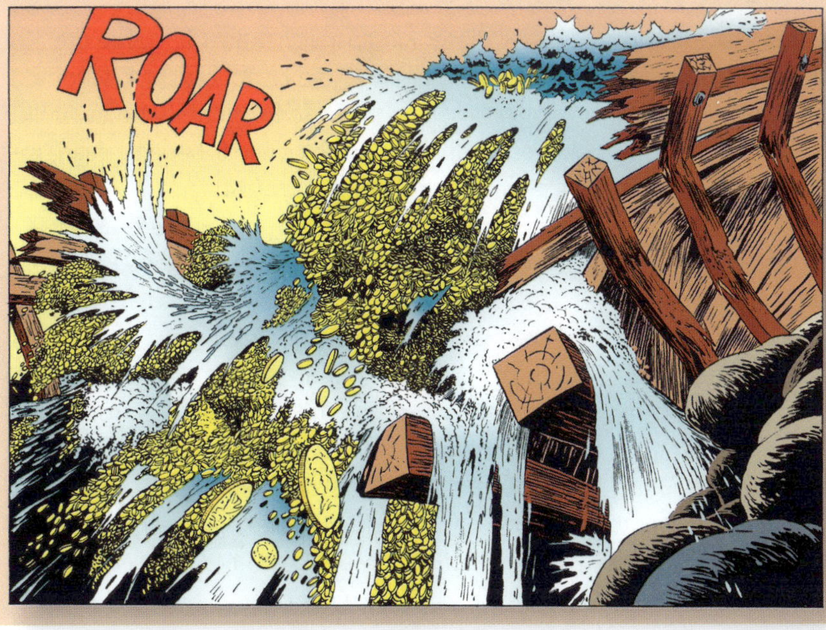

Der Damm bricht!

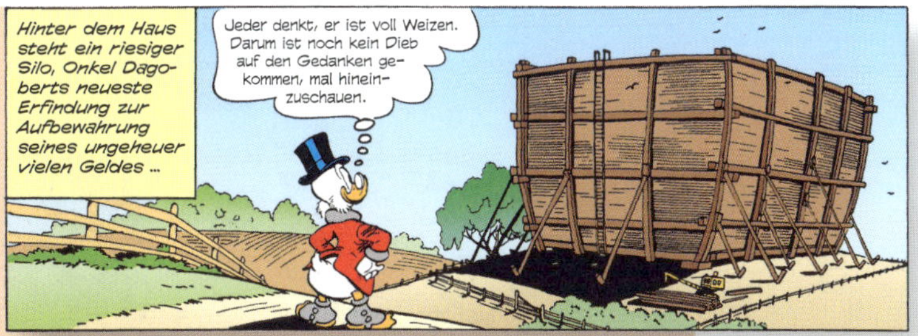

Wenn das mal gutgeht!

Er musste jedoch schon etwas geahnt haben, bevor sein erster Speicher zusammenkrachte. Wie von ungefähr muss es da schon einmal in den Mauern verdächtig geknirscht haben, denn am Rande der Krähensteppe hatte er bereits einen riesigen hölzernen Getreidesilo **(2)** aufgestellt.[21] **(F10)** Dieser stand dort ganz unauffällig herum und jeder dachte, dass er Hafer oder Roggen oder Weizen enthielte. Doch dann tauchte plötzlich eine unheimliche schwarze Wolke am Himmel genau über dem „Getreidesilo" auf und eine kräftige Windhose verteilte alles Geld daraus in der Umgebung, sodass Dagobert Duck nun endgültig von Provisorien die Nase voll hatte und deswegen seinen ersten würfelförmigen Riesenspeicher **(3)** auf einem kahlen Hügel südlich des China-Viertels errichtete. Doch der war nun auch noch nicht so richtig stabil, es drang Wasser ein und als das fror, platzten die Wände wie Papiertüten.

Nun versuchte es Dagobert Duck noch einmal mit dem Typ Bürohaus **(4)** in der Entenhausener Innenstadt.[22] **(F8)** Leider hatte er jedoch das Nachbargrundstück nicht mitgekauft. Das taten dann prompt die Panzerknacker und bohrten sogleich ein Loch in die Seitenwand des Speichers. Doch Dagobert, nicht nur Großkapitalist, sondern auch pfiffig, hatte inzwischen sein ganzes Geld verlagert (sogar mithilfe der Panzerknacker, ohne dass die das merkten!) und im Stausee am Kuckucksberg **(4a)** versenkt. **(C9)** Aber auch hier war es nicht lange sicher, denn

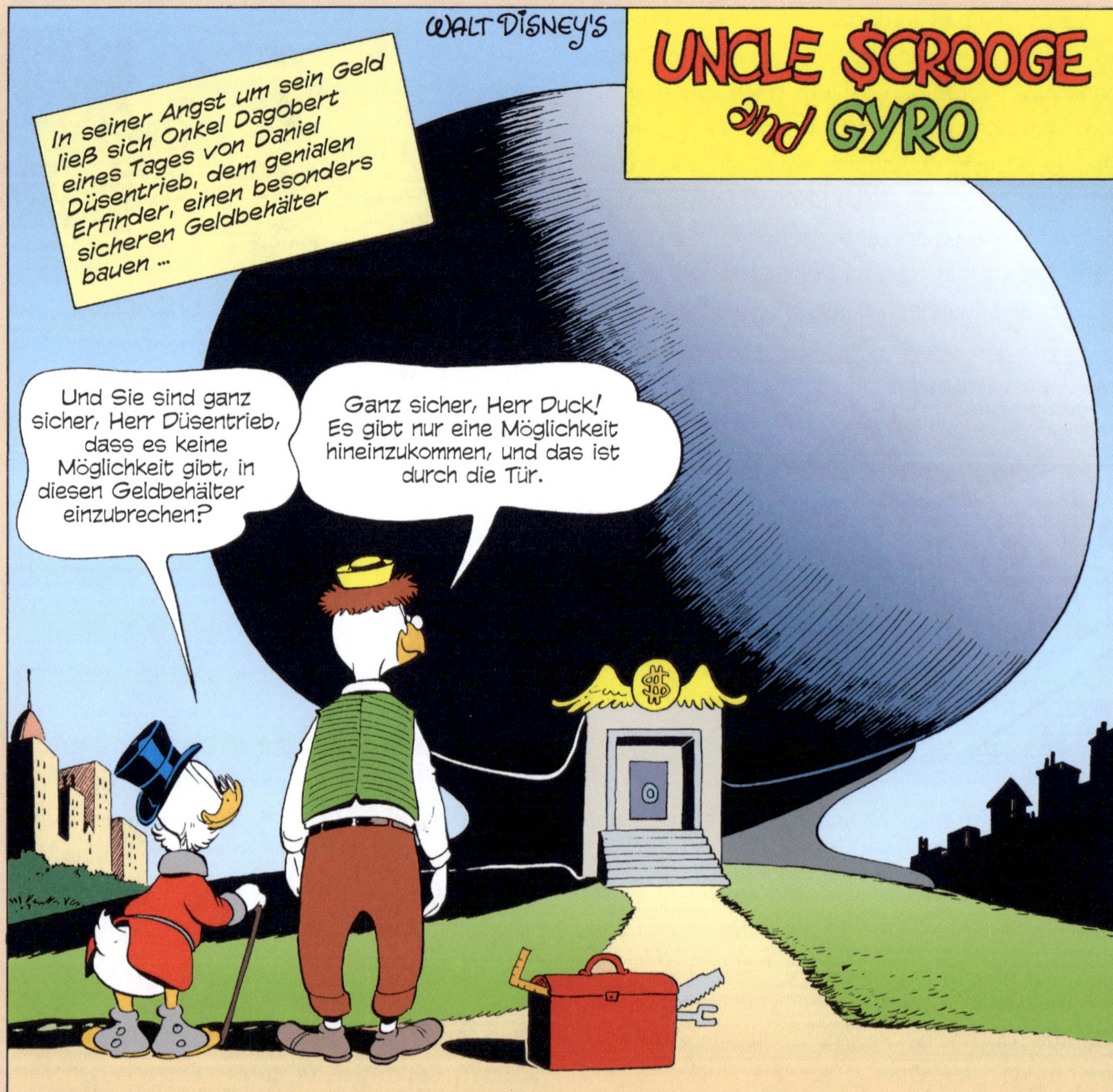

Fortismium – endlich unknackbar?

der Staudamm brach und alles Geld lag plötzlich auf der anderen Seite des Dammes zu Füßen der Panzerknacker – auf deren Grundstück!

Doch auch hier war das Geld rechtzeitig wieder eingesammelt und im inzwischen wieder zugemauerten Stadtspeicher untergebracht. Es war klar, dass der bald nicht mehr ausreichte, und so kam der viel zukunftssicherer fertiggestellte „Geldspeicher Nr. 1" noch dazu![23] **(E5-6)** Dieser „Speicher Nr. 1" (eigentlich ja schon der **5.** und „Nr. 1" wohl nur deshalb, weil er endgültig die Phase der frei stehenden Riesenwürfel einläutete) gehört zu den sieben Geldspeichern, die heute noch stehen und zumindest von außen besichtigt werden können.

Weil dieser Riesenspeicher aber auch die drei Kubikkilometer Geld, die Dagobert Duck schon damals besaß, nicht fassen konnte, hatte er südlich des „Kanals" den Speicher **6** bauen lassen, der ebenfalls noch existiert.[24] **(H4)**

Mit dem Speicher **7** begann eine lange Pechsträhne, denn Dagobert Duck hatte auf dem Speicherberg einen leer stehenden Wassertank in Kugelform gekauft, in dem er sein Geld in Scheinen aufheben wollte.[25] **(E7)** Diesen Tank rollten die Panzerknacker einfach davon. Das Geld konnte jedoch gerettet werden. Nun versuchte es Dagobert an derselben Stelle mit einem Kunststoffüberzug **(8)**.[26] Dieses Experiment war ebenso wenig von Dauer wie der danach ebenfalls auf dem

Speicherberg errichtete Mammutanspeicher **(9)**,[27] dem ein Erdbeben schwer zu schaffen machte. Jetzt sah Dagobert ein, dass ihm der Speicherberg kein Glück brachte, und so setzte er den nächsten Silo wieder in die Innenstadt, dummerweise jedoch gerade auf die geplante Trasse der Entenhausener Stadtautobahn **(10)**.[28] **(H7)** Also wieder weg mit dem Geldspeicher – aber wohin?

Nun kam Dagobert Duck auf die Idee mit dem Umzug in das kleine Tal nördlich des Geldwaldes bei Waldweiler **(J4)**, doch da konnte er nicht bleiben, weil dort ein Stausee angelegt wurde **(11)**. So zog er nun mit seinem Speicher ganz hoch auf einen Berggipfel. **(J3)** Aber dort war er der Abschussrampe der Raketenpostlinie Entenhausen/Australien im Weg **(12)**!

Jetzt hatte Dagobert Duck endlich die Erleuchtung und er baute seinen Hauptspeicher **(13)** auf ein hervorragendes Grundstück im Stadtzentrum! **(E9)** Dort steht er heute noch, nachdem ein anderer **(14)** seinen Platz auf den Grundmauern des alten Forts Entenhausen[29] **(H6)** gefunden hatte (s. „Kulturkampfspeicher" im Folgenden). Aber auch dort war das Geld nicht immer sicher und es erfolgte zwischendurch einmal eine komplizierte Verlagerung per Schiff landeinwärts zur „Parzelle 22" an der Krähensteppe, wo es nun endgültig unter einem Erdhügel **(15)** seinen Platz gefunden haben sollte, was sich alsbald als trügerisch erwies.

Ein weiterer Hort nach dem Fiasko mit der „Parzelle 22" war der Fortismiumspeicher **(16)**, nun wieder auf dem uns schon bekannten Speicherberg.[30] **(E7)** Der wurde bedauerlicherweise von einem Kometen getroffen.

Speicher Nummer **17**[31] war dann der Ersatz für die Nr. 3 **(F7)** und ist heute noch erhalten, Speicher Nummer **18**[32] befindet sich westlich des Ausstellungsgeländes im Stadtpark **(H7)**, und nach versuchsweiser kurzer Verlagerung des Geldes in die hohlen Stämme des Waldes bei Waldweiler[33] **(18a)** **(J-K4)** wanderte das Geld wegen einer wieder aufgenommenen Stauseeplanung erneut in einen Kugeltank **(19)**.[34] **(E6-7)** Nun folgte der „Kulturkampfspeicher" **(20)**.[35] **(H6)** Dieser ersetzte den geplatzten Speicher auf dem alten Fort Entenhausen[36] (siehe S. 11) und soll angeblich auf dem Geburtshaus des Stadtgründers gestanden haben (siehe Abschnitt „Das Emil-Erpel-Geburtshaus"). Dies ist der letzte überlieferte Speicherstandort. Und dieser Speicher ist als der siebente noch bestehende auch heute wie ehedem in Entenhausen zu bestaunen.

Der Speicher auf einem Denkmal?

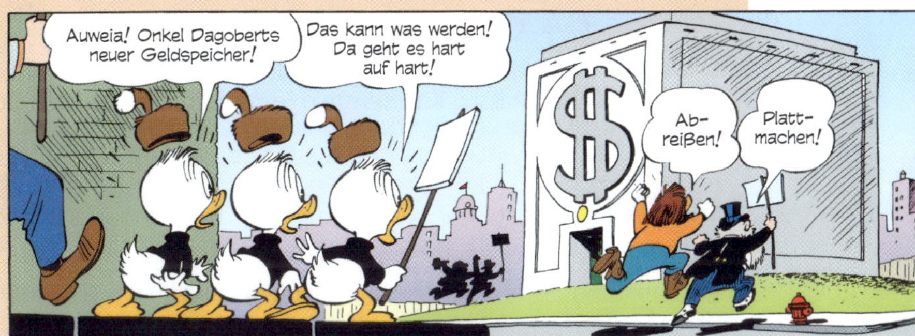

[15] „Der arme alte (reiche) Mann (BARKS LIBRARY Dagobert Duck 3 – FC 386/2).
[16] „Der richtige Erbe" (BARKS LIBRARY 24/1 – WDC 155).
[17] „Die Macht des Geldes" (BARKS LIBRARY 24/3 – WDC 157).
[17] „Das Geheimnis des schwarzen Kastens" (BARKS LIBRARY Dagobert Duck 31/2 – U$ 57/2).
[18] „Rieselgold" (BARKS LIBRARY 37/2 – WDC 221).
[19] „Der schwarze Mittwoch" (BARKS LIBRARY 39/1 – WDC 230).
[20] „Der zählende Papagei/Das mathematische Wundertier" (BARKS LIBRARY Donald Duck 15/2 – FC 282).
[21] „Geld fällt vom Himmel" (BARKS LIBRARY 18/1 – WDC 126).
[22] „Der arme alte (reiche) Mann" (BARKS LIBRARY Dagobert Duck 3 – FC 386/2).
[23] „Der richtige Erbe" (BARKS LIBRARY 24/1 – WDC 155).
[24] „Die Macht des Geldes" (BARKS LIBRARY 24/3 – WDC 157). „Das Geheimnis des schwarzen Kastens" (BARKS LIBRARY Dagobert Duck 31/2 – U$ 57/2).
[25] „Der neue Tresor" (BARKS LIBRARY Dagobert Duck 5/2 – FC 495/3).
[26] „Kummer mit Kunststoff" (BARKS LIBRARY 27/2 – WDC 171).
[27] „Der Käse von Kirkebö" (BARKS LIBRARY Dagobert Duck 8/1 U$ 9/2).
[28] „Moderne Zeiten" (BARKS LIBRARY Dagobert Duck 11/2 – U$ 15/4).
[29] „Die Geldquelle" (BARKS LIBRARY Dagobert Duck 14/1 – U$ 21/2).
[30] „Der Fortismiumbehälter (BARKS LIBRARY Dagobert Duck 21/2 – DBP 1).
[31] „Rieselgold" (BARKS LIBRARY 37/2 – WDC 221).
[32] „Der schwarze Mittwoch" (BARKS LIBRARY 39/1 – WDC 230).
[33] „Hans Hackebeil" (BARKS LIBRARY Dagobert Duck 17/3 – U$ 28/1).
[34] „Der Kugeltank" (BARKS LIBRARY Dagobert Duck 24/2 – U$ 39/4).
[35] „Kulturkampf in Entenhausen" (BARKS LIBRARY Fähnlein Fieselschweif 4/3 – HDL 14).
[36] „Der güldene Wasserfall" (BARKS LIBRARY Dagobert Duck 1472 – U$ 22/2).

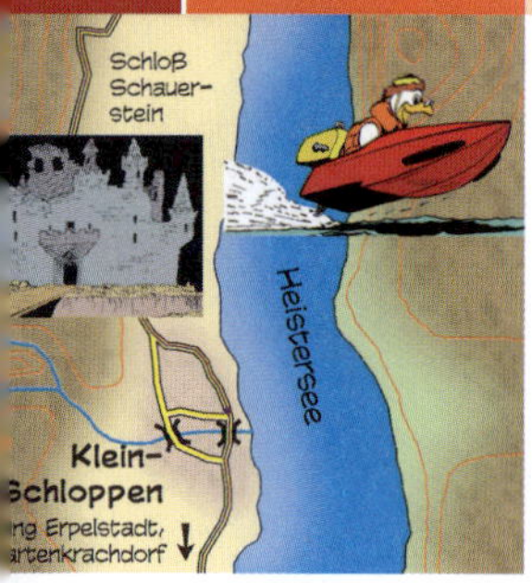

(K10)

Schloss Schauerstein

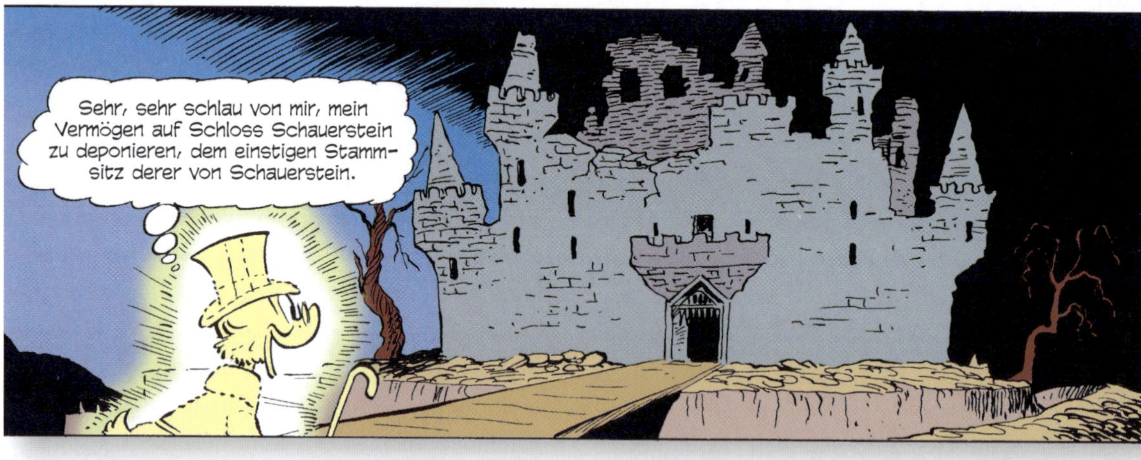

Das schaurige Schloss Schauerstein.

Keine Stadt, die etwas auf sich hält, kann auf Burgen und Schlösser verzichten. Entenhausen bildet da keine Ausnahme.

Da befindet sich nämlich ganz weit unten im Südosten der Stadt das imposante Schloss Schauerstein[37], südlich von Antenweiler, malerisch zwischen dem Bergmassiv Wachenstein und dem Heistersee gelegen.

Hier handelt es sich um den Stammsitz derer von Schauerstein, der seit dem Tode von Schaurich von Schauerstein lange Jahre verlassen vor sich hin dämmerte und daher vom Großkapitalisten Dagobert Duck vorübergehend als geeignetes Versteck für sein Geld gehalten und dafür zweckentfremdet wurde. Sein normaler Speicher schien ihm zu der Zeit nicht mehr sicher genug. Es war nämlich gerade wieder so weit: Nach einem ihrer immer wiederkehrenden Aufenthalte in der streng abgeschirmten und rund um die Uhr bewachten „Volkshochschule für unsere gestrauchelten Brüder" etwas außerhalb von Entenhausen hatten die Panzerknacker ihre Strafe abgesessen und sollten entlassen werden. Dieser Tag, der sogenannte „Tag E", versetzte Dagobert Duck so sehr in Panik, dass er bereits Wochen vor diesem Termin begonnen hatte, sein vieles Geld mühsam Stück für Stück vom Speicher über eine alte Scheune hin zum Schloss Schauerstein zu verlagern. Damals konnte er noch zu Recht annehmen, dass kein normal denkender Mensch auf die Idee kommen würde, in dieser „alten Krachbude", wie die Panzerknacker Schloss Schauerstein nannten, nach seinen Trillionen zu suchen, was bei der Vorgeschichte ja auch nicht verwundert! Gab es doch gleich am Eingang hinter der Zugbrücke bereits ein bedrohlich wirkendes Fallwerk mit sieben Speerspitzen, gleich im Inneren einen von der Decke baumelnden, schon zur Schlinge geformten Galgenstrick, an der Wand ein Schwert und eine alte Streitaxt!

Ein gewaltiger federgespannter Rammbock schnellte aus einer harmlos wirkenden Tür, eine weitere war durch einen herabfallenden Eimer mit allerlei widerwärtigem Getier und quicklebendigen Wespen gesichert, aus einer dritten polterten Unmengen von überrumpelnden Kugeln, aber das war noch nichts gegen die vierte Tür, die in einen Raum führte, der komplett mit Wasser gefüllt war, in dem sich Kraken und Krokodile tummelten, die nur auf leichtsinnigen Besuch warteten.

Dann gab es noch eine gewaltige Falltür, die sechs Eindringlinge auf einmal in die Tiefe befördern

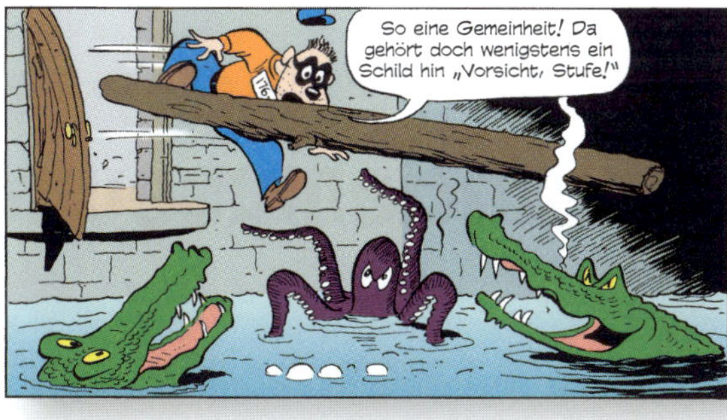

konnte, und das auch gleich noch in einen rundum vergitterten Raum, aus dem es kein Entrinnen gab – jedenfalls alles Dinge, die einen selbst am helllichten Tag das Gruseln lehren konnten!

Doch pfiffig, wie Pimpilliardär Dagobert Duck schon immer war, hatte er die gesamte abscheuliche und zutiefst scheußliche Viecherei aus Kunststoff gestalten und zur Abschreckung in das alte Gemäuer einbauen lassen, damit seinem geliebten Geld nichts passierte! Seine originellen Abwehrmaßnahmen haben die Stadtväter dann aber so sehr beeindruckt, dass sie die Ideen in leicht abgeschwächter Form übernommen haben, als die komplette Renovierung des Schlosses in Angriff genommen wurde, um es nach den Jahren des Verfalls endlich für den ständig stärker werdenden Tourismus attraktiv zu machen. Besonders beliebt sind seit der Wiedereröffnung die **„Gruseltouren"** auf den Spuren der Panzerknacker. Seitdem hallt das gute alte Schloss wider von Schreckensrufen und spitzen Schreien, wenn der Eimer mit den Plastikspinnen und Gummiwürmern seinen Inhalt über den ahnungslosen Besucher ergießt, der hier auf der Suche nach dem „Kick" endlich fündig werden kann!

Ebenfalls erwähnenswert ist das Schloss Lumberjack im Norden Entenhausens am Rande des Höllentals im benachbarten Kreis Gänseburg, gar nicht so weit von Entenhausens Innenstadt entfernt, nordwärts an der Straße nach Gänseburg und Schnarchenreuth gelegen.[38] Es kann bedauerlicherweise nur von außen besichtigt werden.

Schloss Lumberjack ist leider noch immer für den Publikumsverkehr gesperrt, weil der „hohe Lord", wie die Mitglieder des Entenhausener Geldadels den hochnäsigen Monokelträger Lord Lumberjack[39] nennen, eine wohl schon seit Generationen bestehende Abneigung gegen alles hat, was aus dem benachbarten Kreis Entenhausen kommt. Diese Abneigung wird regelrecht kultiviert. So duldet er die Entenhausener und deren Besucher keinesfalls in seinem Gemäuer. Seine Aversion hat sich sogar auf einen großen Teil des Volkes übertragen, was in einem Bericht deutlich wird, in dem Donald Duck als Vertreter der Entenhausener Pfadfinder zu einem Zweikampf gegen Peter Panzer, einen gestählten Gänseburger, antreten muss.[40] Der Zweikampf ging übrigens zugunsten der Entenhausener aus! Zu verdanken ist das einzig und allein dem Entenhausener Nationalgetränk „Blubberlutsch", das in allen Gasthäusern und Imbissbuden der Umgebung angeboten wird.

← Hier sollte man nicht abtauchen.

Nicht weit entfernt vom Schloss Lumberjack liegt etwa zwei Kilometer südlich von Schnarchenreuth die Gänseburg, das Wahrzeichen des benachbarten Örtchens im gleichnamigen Kreis: Die Gänseburg ist die **einzige** Burg im Bereich Entenhausen, die zur Besichtigung für jedermann freigegeben ist, und der urige Aussichtsturm erfreut sich allgemeiner Beliebtheit, erlaubt er doch einen seltenen freien Rundumblick nicht nur auf das westlich angrenzende Städtchen, sondern auch auf die südlich gelegene Gumpenmetropole mit ihrer imposanten Silhouette. Auf einem dicht bewaldeten Hügel, an dessen Südflanke die Besiedlung bis fast an die Burganlage heranreicht, ist sie außerordentlich pittoresk gelegen, denn man hat – ähnlich wie bei der Burganlage Hohentwiel bei Singen – bewusst den ruinenartigen Charakter erhalten.

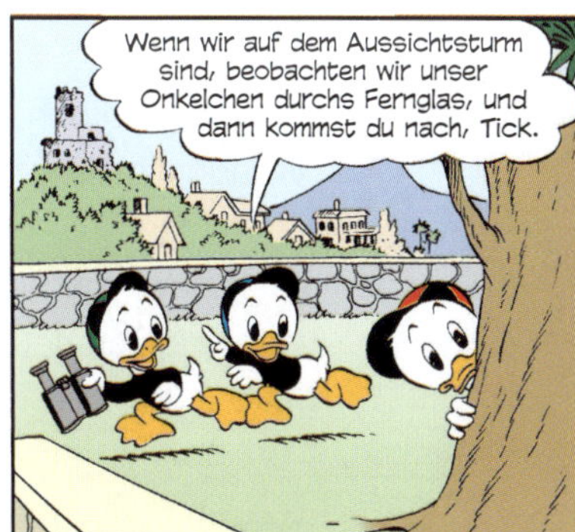

Aufregung vor der Gänseburg.

[37] „Die Schauergeschichte von Schloss Schauerstein" (BARKS LIBRARY Dagobert Duck 34/1 – U$ 63).
[38] „Die Fuchsjagd" (BARKS LIBRARY 14/2 – WDC 98).
[39] „Die Fuchsjagd" (BARKS LIBRARY 14/2 – WDC 98).
[40] „Blubberlutsch" (BARKS LIBRARY 49/3 – WDC 282).
[41] „Das Radargerät" (BARKS LIBRARY 6/4 – WDC 60).

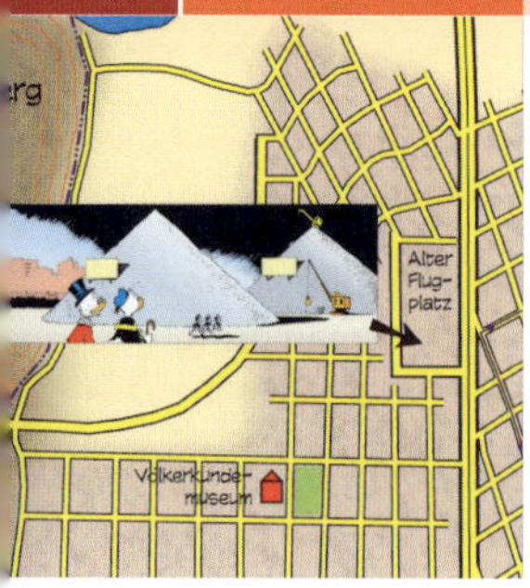

(J8)

Das Völkerkundemuseum

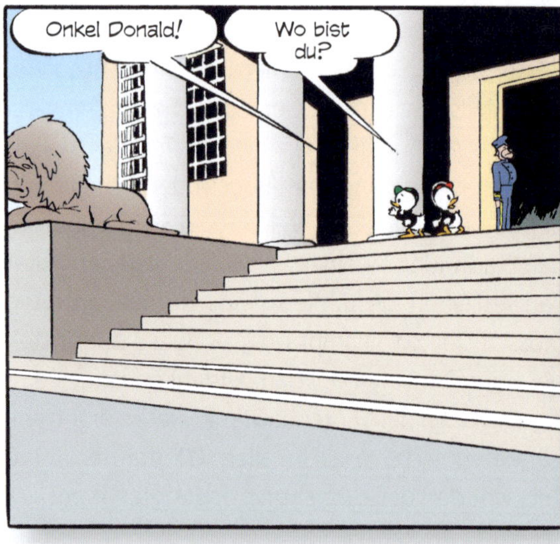

Prunkportal mit Wachmann: Das Völkerkundemuseum.

Entenhausenreisende mit einem Hang zur Kultur dürfen auf keinen Fall einen Besuch im legendären Völkerkundemuseum unweit der Buslinie zum „Südring" ganz im Süden der Stadt verpassen.[42]

Schon der imposante Aufgang des Völkerkundemuseums mit den Löwenskulpturen beidseits der Freitreppe am Hauptportal gegenüber vom Museumspark beeindruckt jeden Besucher. Und bereits nach wenigen Schritten empfängt uns die mit hochkarätigen Exponaten bestückte ägyptische Abteilung des Museums! Hierzu gehören vergoldete Sarkophage mit üppigen Verzierungen, Wandmalereien, Kultgefäße und anderes mehr.

Aber auch hier ist es wie überall: Den Berlinern wird die Nofretete von den Ägyptern streitig gemacht und den Entenhausenern drohte der Bey von Butaris mit der gewaltsamen Rückführung von im Völkerkundemuseum ausgestellten Mumien – er drohte anfangs sogar mit militärischem Eingreifen, was er dann nach erfolgter Rückführung glücklicherweise wieder zurücknahm. Damals wurde dem Bey auch der so lange vermisste Schlangenring zurückgegeben, daher muss das Völkerkundemuseum seit dieser Zeit die Originale entbehren, kann allerdings mit gelungenen Repliken aufwarten, was auch für die beiden Sarkophage gilt, die das Museum seit der Zeit ebenfalls entbehren muss!

Auch ist leider der Verlust der berühmten viereckigen Eier aus Peru[43] zu beklagen. Museumsaufseher Duck ist eines zu seiner Amtszeit entglitten und hinzu kam, dass weitere zu Untersuchungszwecken geopfert werden mussten. Und da die von Professor Poggenpuhl geleitete Expedition in die vernebelten Anden leider nur zur Beschaffung zweier viereckiger *Hähne* führte, muss auf viereckige Eier, die zudem einen seltsamen, völlig verwürzten, aber vollsaftigen Geschmack hatten, vorerst bis auf Weiteres verzichtet werden.

Eigenartigerweise lässt das Museumsinnere mitunter in den anderen Abteilungen auf den ersten Blick eine gewisse Systematik vermissen, finden sich doch hier die unterschiedlichsten Ausstellungsstücke dicht beieinander.

Was gibt es hier aber nicht alles zu sehen und zu erforschen!?

Der weltberühmte Wäschesack. →

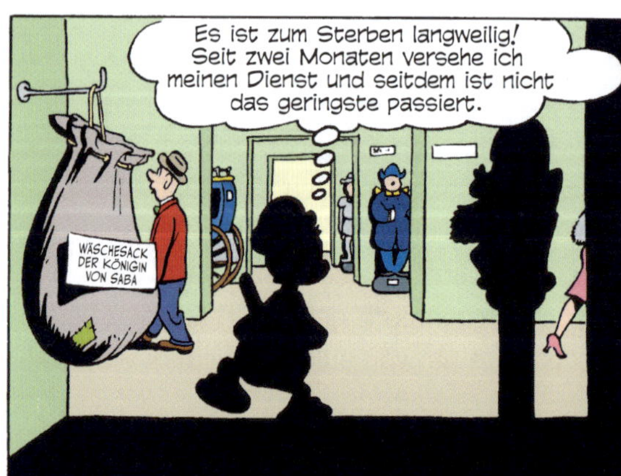

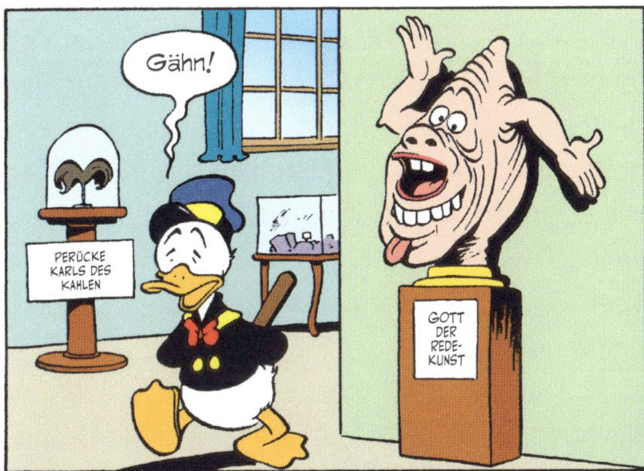

← Mit drei Mündern auch keine Kunst.

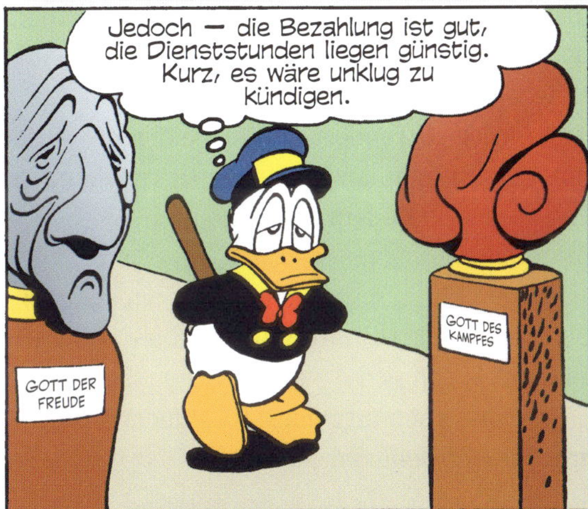

← Beredte Exponate.

Während alle Welt zum Beispiel immer noch rätselt, ob es die sagenhafte Königin von Saba überhaupt jemals gegeben hat und, wenn ja, wo ihr Palast gestanden haben könnte, findet sich hier im Museum an exponierter Stelle ihr garantiert echter Wäschesack![44] Das gute Stück ist bereits in grauer Vorzeit ausgebessert und oben mit einem Zugband versehen worden. In Sichtweite dieses Wäschesacks, nur zwei Räume weiter, erblickt man eine Napoleonfigur sowie eine Kutsche aus dieser Zeit, gleich nebenan aber auch wieder einiges, was auf den feinsinnigen Humor der Museumsdirektion schließen lässt. So finden sich unter Glas die Perücke Karls des Kahlen und darüber hinaus noch allerlei bizarre Kleinskulpturen verschiedener frühzeitlicher Gottheiten wie die des dreimundigen (!!!) Gottes der Redekunst. Ferner begegnen wir dem Gott des Kampfes, auch dem Gott der Freude, wobei der Gesichtsausdruck des letzteren wohl alles vermuten lassen würde, nur ausgerechnet Freude ganz bestimmt nicht!

Herausragendes Fundstück ist das hochinteressante norwegische Wikingerschiff aus der Zeit um 870 n. Chr., das nicht nur Museumswächter Donald zu kühnen Taten inspiriert. Hier fand sich in den Spanten eine Seekarte von Olaf dem Blauen. Dieser außergewöhnliche Fund ist allein der Aufmerksamkeit des damaligen Museumswächters Donald Duck zu verdanken. Der Wikinger Olaf der Blaue entdeckte nämlich lange vor Erik dem Roten Amerika. Diese Seekarte war es, die unseren findigen Museumsaufseher und seinen Museumsdirektor auf den richtigen Weg zum Fundort des Goldenen Helms führte. Einzelheiten möge der interessierte Tourist dem Museumskatalog bzw. dem Bericht des großen Stadthistorikers von Entenhausen Carl Barks entnehmen, denn immerhin diente dieser Goldhelm der Untermauerung der Besitzansprüche auf ganz Amerika!

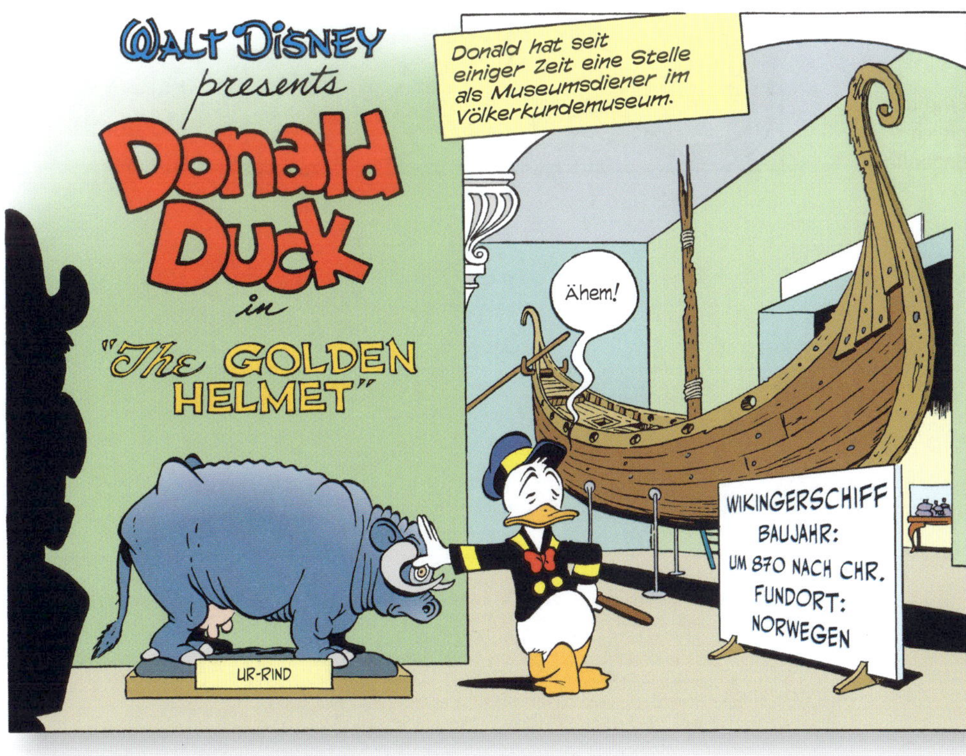

Museumswächters Mittagspause.

Durch glückliche Umstände konnten die finsteren Machenschaften des Berengar Bläulich, des vermeintlichen Erben Olafs des Blauen, trotz dessen juristischen Beistands durch den gewitzten Justizrat Wendig gerade noch vereitelt werden, denn der nur Unglück bringende Goldhelm ist erfreulicherweise auf Nimmerwiedersehen in der Tiefe des Ozeans verschwunden! Somit blieb den Vereinigten Staaten wenigstens die Monarchie erspart.

So ein Besuch ist natürlich für jeden Museumsfreund ein aufregendes und anstrengendes Unterfangen und zwischendurch wird man immer wieder mal nach Luft schnappen wollen. Trotzdem darf gegen Ende des oft stundenlangen Rundgangs die Schmetterlingssammlung nicht vergessen werden. Diese Sammlung befindet sich im Ostflügel, hinter der Tür rechts neben der ausgestopften Giraffe – und diese Abteilung ist keineswegs nur was für dickbebrillte Naturhistoriker. Die Schmetterlingsräume sind eine wahre Augenweide und ein Vergnügen. Die luziden Flügel in ihrer schillernden Farbenpracht wecken alle Sinnenfreuden.

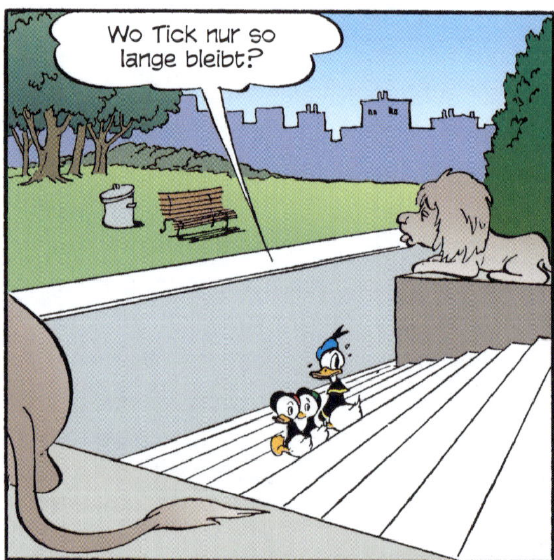

Erholung gleich gegenüber.

Nachdem wir nun den offiziellen Museumsrundgang beschrieben haben, bleiben noch die immer wieder interessanten Sonderausstellungen, beispielsweise eine über Briefmarken. Diese und andere wechselnde Ausstellungen sorgen dafür, dass sich insbesondere der einheimische Museumsbesucher nie langweilt und sich von Zeit zu Zeit wieder an Neuem erfreuen kann.

Nach dem Museumsbesuch lädt der direkt gegenüberliegende Park zum beschaulichen Verweilen ein. Hier lassen sich die gerade gewonnenen Eindrücke und Erlebnisse auf das Angenehmste verarbeiten und verinnerlichen.

Wenn sich dann nach einigen Fußbädern Ihre Füße wieder erholt haben, seien Ihnen noch verschiedene andere sehenswerte Museen in Entenhausen empfohlen und ans Herz gelegt, wie zum Beispiel das Museum für Moderne Kunst[45] im Stadtholz unweit der Oper **(F6)**, das Leuchtturm-Museum[46] am Kap Quack **(D4)**, das Städtische Museum[47], das WAX-Museum[48] und das Museum für Meereskunde[49].

---

[42] „Der Schlangenring" (BARKS LIBRARY DONALD DUCK 2/1 – FC 29/1).
[43] „Im Land der viereckigen Eier" (BARKS LIBRARY Donald Duck 10/1 – FC 223/2).
[44] „Donald Duck und der Goldene Helm" (BARKS LIBRARY Donald Duck 20/1 – FC 408/2).
[45] „Herbe Kritik" (BARKS LIBRARY DANIEL DÜSENTRIEB 5/9 – U$ 33/3).
[46] „Sturm am Kap Quack" (BARKS LIBRARY 44/2 – WDC 256).
[47] „Der Schneemann-Preis" (BARKS LIBRARY 32/2 – WDC 196).
[48] „Aufruhr im Wachsfigurenkabinett" (BARKS LIBRARY 39/2 – WDC 231).
[49] „Der tollkühne Taucher" (BARKS LIBRARY 28/3 – WDC 177).

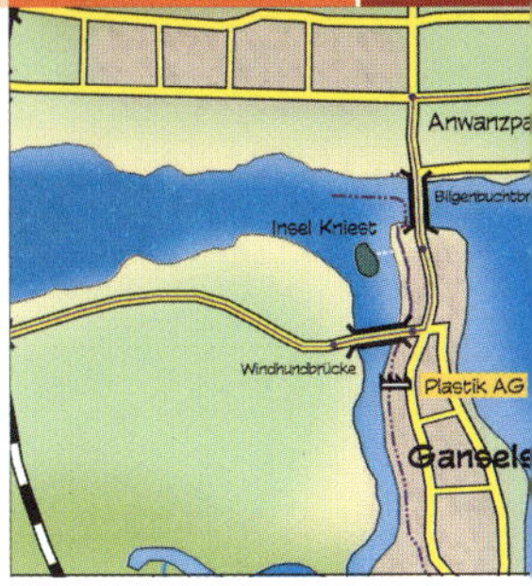

Entenhausens großartige Brücken

(H5)

Diese so vielseitige Stadt Entenhausen präsentiert sich immer wieder neu. Man kann sie als freundliche nette Großstadt kennenlernen, aber sie präsentiert sich auch als absolute Weltstadt, die Handel treibt, in der es ein enormes kulturelles Leben gibt und vieles andere mehr. Und doch zeigt Entenhausen immer wieder neue Seiten auf, die ohne Beispiel sind. Zum Beispiel seine Brücken: Da mag sich Venedig mit seinen Kanälen und der Rialtobrücke schmücken, da kann sich die Hauptstadt Berlin damit brüsten, dass es dort mehr Brücken als in Venedig gibt, aber wo findet man eine Stadt, in der es nicht nur *eine* gigantische Brücke vom Typ „Golden-Gate-Bridge" wie in San Francisco gibt, sondern gleich deren **zwei**? Natürlich weltweit nur in Entenhausen! Und es gibt kaum eine Brückenart, die in Entenhausen nicht vertreten ist. Es existieren kleine putzige Stege, gemauerte Übergänge, einfache Holzbrücken, gewaltige Steinbrücken, waghalsige Hängebrücken, Bogenbrücken, Stahlgerüstbrücken, Spannbetonbrücken, überdachte Holzbrücken, Auto-, Fußgänger- und Eisenbahnbrücken, aber in erster Linie sind doch die beiden gigantischen Stahlseil-Hängebrücken zu erwähnen:

Bilgenbucht- und Möwensundbrücke (H5 und G5)

Da wäre zunächst die großartige **Bilgenbuchtbrücke**[50], die Entenhausens Westen über die Gumpe, die zentrale Lebensader der Stadt, mit dem Süden und hier zunächst mit dem Ortsteil Ganselstedt verbindet, in dessen Gewerbebereich unter anderem die duckschen Unterbett-Werke[51] zu finden sind. (Wer die superweichen Unterbetten noch nicht kennt, hat hier die Gelegenheit, sich von der ungeahnten Qualität derselben zu überzeugen!) Diese imponierende Stahlseil-Hängebrücke überspannt die im sogenannten „Kanal" ins Meer mündende Gumpe mit einer Spann-

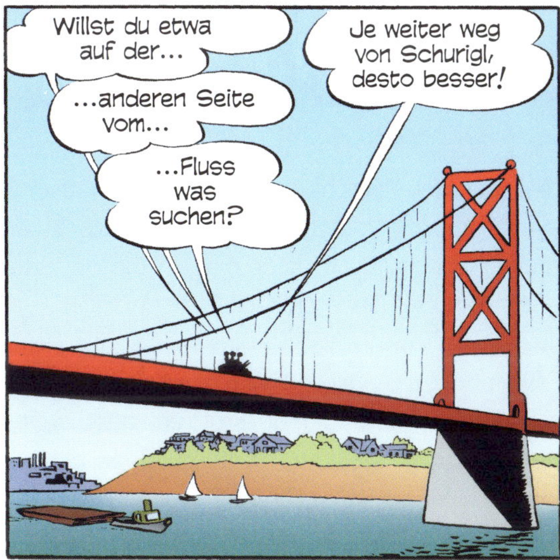

Die Ducks auf der Flucht vor Nachbar Schurigl.

weite von über 250 Metern. Von ihr genießt man einen fantastischen Blick sowohl ostwärts in die Stadt hinein als auch in die entgegengesetzte Richtung stadtauswärts in Richtung offenes Meer. In regelmäßigen Abständen beeindruckt hier der Anblick der majestätischen Eisenbahnfähre, die zwischen der Brücke und dem offenen Meer ständig den „Kanal" überquert. Sie schließt damit die wichtige Nord-Süd-Bahnverbindung entlang der Meeresküste.

Zum Zweiten sei hier die nicht minder beeindruckende **Möwensundbrücke**[52] vorgestellt. Sie führt über den gleichnamigen Möwensund nördlich des Ortsteils Westend sowie des Krähenwaldes. Hier konnte Daniel Düsentrieb, einer der genialsten Erfinder aller Zeiten, die Entenhausener Stadtväter mit seiner beeindruckenden Art, die Brücke mit einem notwendigen neuen Anstrich zu schmücken, begeistern. Die Möwensundbrücke trennt den Möwensund in den äußeren Sundteil mit der Robbeninsel[53] und den östlich der Brücke gelegenen inneren Teil. Dieser innere Teil bildet den Lachssee, auf dem der Entenhausener Lachsklub sein alljährliches Eislochfischen veranstaltet

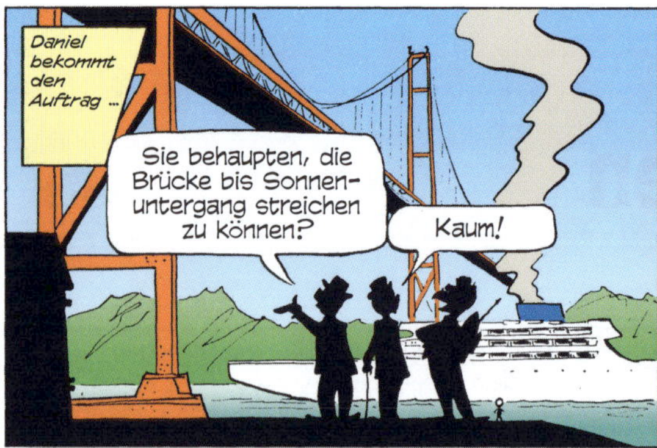

Die Möwensundbrücke.

und auf dem geschäftstüchtige Entenhausener allerlei Transportmittel für interessierte Zuschauer anbieten, wozu auch schon mal ein motorisierter „Sofa-Express" gehören kann.[54]

Es ist unmöglich, allein die im Stadtplan namentlich aufgeführten über 60 Brücken, geschweige denn auch alle weiteren, zu beschreiben. So sollen hier aber auf jeden Fall doch die markantesten erwähnt werden:

Ein absoluter Sonderfall ist hierbei die **Plaudervogelbrücke**[55] **(C15)** über den Colorado südlich des Coloradosees[56], auf dem regelmäßig die berühmten Bootsrennen stattfinden, bei denen nicht nur allein der Sieger wichtig ist, sondern wobei es gleichzeitig darauf ankommt, welchen Sprit der Sieger im Tank hat! Hier geht es dann um Dagobert Ducks Duckolin 63, „das beste Duckolin, das es je gab", und um das „Erpol mit dem Wirkstoff K" von Dagobert Ducks Geschäftsfreund Emil Erpel, einem direkten Nachfahren aus der Linie des Stadtgründers.

Doch zurück zur **Plaudervogelbrücke**: Sie ist eine mit Holzbrettern belegte geländerlose Seilhängebrücke sehr schlichter Bauart, die uns an ähnliche Konstruktionen in den zerklüfteten Tälern der Anden erinnert. Bei dieser Brückenart stieß Donald Duck an seine Grenzen, als er verschiedene Tiere von der einen auf die andere Seite transportieren sollte.

Zu den vielen bedeutenden Brücken gehört eine große, die Gumpe überquerende massive Steinbrücke mit gemauerten Seitenwangen, die **Arturobrücke**[57] **(F8)**, die hier beidseitig die Citybereiche verbindet.

Auf einer der sehr zu empfehlenden **GUMPENRUNDFAHRTEN*** unterqueren Sie dann flussabwärts u. a. die **Dicky-Dickerlein-Brücke**[58] **(F8)** (von welcher der berühmte Kunstspringer Dicky Dickerlein dereinst seinen Sprung in die Gumpe als „lebende Wasserbombe" ankündigte), eine hoch angesetzte Brücke mit filigranen Geländern. Von den innenstädtischen Brücken haben Sie übrigens einen weiten und interessanten Blick über die hier sehr stark befahrene Wasserstraße.

Weiter östlich wird die Gumpe von der Autobahn überquert. Hier imponiert die gewaltige **Chichinangobrücke**[59] **(F10)**, eine Rundbogenbrücke mit beidseitig im Fels verankerten Widerlagern. Seit der Eröffnung der Autobahn dürfen Fußgänger die Brücke leider nicht mehr betreten. Jedoch auch unten von der Gumpe aus ist ihr Anblick faszinierend. Denn, man stelle sich vor, die Gumpe wird in 50 Meter Höhe von der Brücke überspannt!

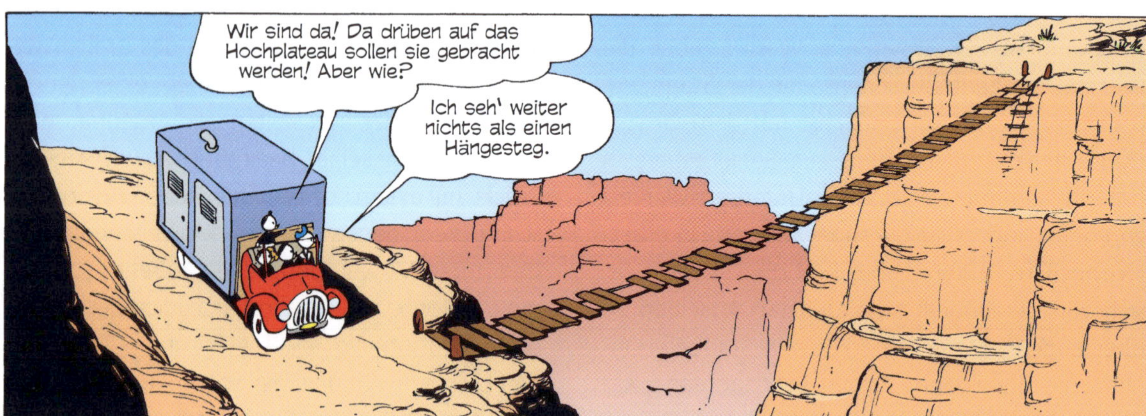

Die Brücke mit dem Plaudervogel.

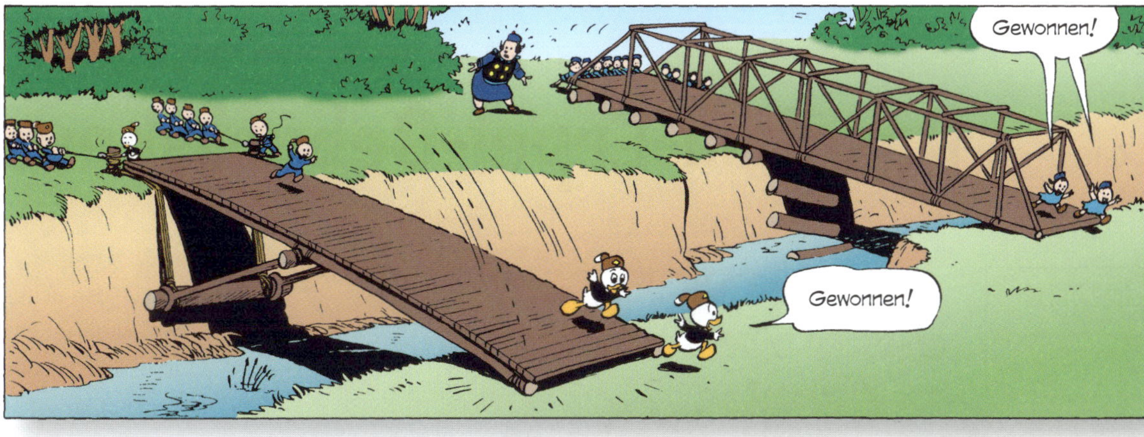

Meisterwerke der Pfadfinderbaukunst.

Ganz ähnlich, aber noch zierlicher in der Ausführung ist die **Kauribrücke**[60] **(D6)** im Norden, eine Eisenbahnbrücke, die hier als letzte Brücke vor dem offenen Meer die Flussufer verbindet.

Etwas filigraner ist die von jedermann begehbare **Raketenbratenbrücke**[61] **(D6)**, eine Brücke mit aufgeständerten Kugelleuchten an beiden Ufern, die wegen ihrer ungeheuren Höhe sogar von einer Rakete unterflogen werden kann.

Die einzige Entenhausener *Kippbrücke* ist die **Angelkartenbrücke**[62] **(F7)** in der Nähe des Militärflughafens. Die liegt so niedrig, dass sie für größere Schiffe, und davon verkehren hier nicht wenige, ständig immer wieder hochgeklappt werden muss! Für Freunde großformatiger Mechanik eine absolute Sehenswürdigkeit!

Nicht unerwähnt bleiben dürfen natürlich auch die **Wölflingsbrücke**[63] und die **Kohlmeisenbrücke**. Beide führen über die kleine, doch teilweise sehr tiefe Teufelsschlucht und sind anlässlich eines Pfadfinderwettbewerbs zwischen den nur aus munteren Knaben zusammengesetzten „Wölflingen" (heute nennen sie sich „Fähnlein Fieselschweif"!) und den nur von Mädchen besetzten „Kohlmeisen" entstanden. Die Brücken sind heute zwar in einem beklagenswerten Zustand,[64] lassen aber immer noch den jungen Ingenieurgeist der Entenhausener Pfadfinder erkennen.

*Die **GUMPEN-RUNDFAHRTEN** starten direkt am Flussufer an der Straßenbahn-Endstation in der Duch-Str. (sprich: „Datsch") unterhalb der Dicky-Dickerlein-Brücke gegenüber der Dagobert-Duck-Allee und führen entweder landeinwärts bis zu den Gumpenfällen und zurück (unbedingt wetterfeste Kleidung wegen der gewaltigen Gischt!) oder Richtung Meer bis vor den Leuchtturm an der Nordspitze des „Kanals" und zurück. Beide Touren haben ihren ganz eigenen Reiz und sie begeistern schon deswegen, weil man sich ständig auf den Spuren der Abenteuer des Tycoons Dagobert Duck befindet, ob es nun am Fernsehturm vorbeigeht, dessen Uhrglas Glasermeister Donald Duck vor laufenden Fernsehkameras publikumswirksam zerdeppert hat, oder ob man auf Dagobert Ducks Spuren bis zur „Parzelle 22" an der Krähensteppe nördlich des Antengrüner Eisenbahn-Dreiecks schippert, wo er mal wieder sein vieles Geld vor der Panzerknacker-Bande in Sicherheit bringen wollte. Die Rundfahrten empfehlen sich besonders in den frühen Vormittagsstunden oder am späteren Nachmittag, wenn die Sonne schräg am Himmel steht und für ein kontrastreiches Licht sorgt, das den Gumpenfall und alle weiteren Höhepunkte mit satten Farben (da strahlt der Fotofreund!) kontrastreich zur Geltung bringt.

[50] „Gute Nachbarn" (BARKS LIBRARY 2/2 – WDC 38).
„Land unter der Erdkruste" (BARKS LIBRARY Dagobert Duck 10/1 – U$ 13/2).
„Fährmann Ahoi" (BARKS LIBRARY 45/2 – WDC 260).
[51] „Die Prüfung" (BARKS LIBRARY 30/3 – WDC 187).
[52] „Lohnender Auftrag" (BARKS LIBRARY Daniel Düsentrieb 6/9 – U$ 46/2).
[53] „Der Hilfsbrieftaubenpostbote (BARKS LIBRARY 27/5 – WDC 174).
[54] „Der Sofa-Express" (BARKS LIBRARY 30/2 – WDC 186).
[55] „Ein Meister seines Fachs" (BARKS LIBRARY 37/3 – WDC 222).
[56] „Das Bootsrennen" (BARKS LIBRARY 44/1 – WDC 255).
[57] „Arturo, der Affe" (BARKS LIBRARY Donald Duck 2/3 – FC 29/3).
[58] „Auf Motivsuche" (BARKS LIBRARY 3/5 – WDC 46).
[59] „Das Geheimnis von Hondurica" (BARKS LIBRARY Donald Duck 22/1 – DD 46).
[60] „Das Strandfest" (BARKS LIBRARY 37/5 – WDC 224).
[61] „Erlebnisse einer Weihnachtsgans" (BARKS LIBRARY 37/1 – WDC 220).
[62] „Der erste Frühlingstag" (BARKS LIBRARY 37/4 – WDC 223).
[63] „Die braven Brückenbauer" (BARKS LIBRARY 29/2 – WDC 181).
[64] „Betörende Töne" (BARKS LIBRARY Fähnlein Fieselschweif 6/3 – HDL 21).

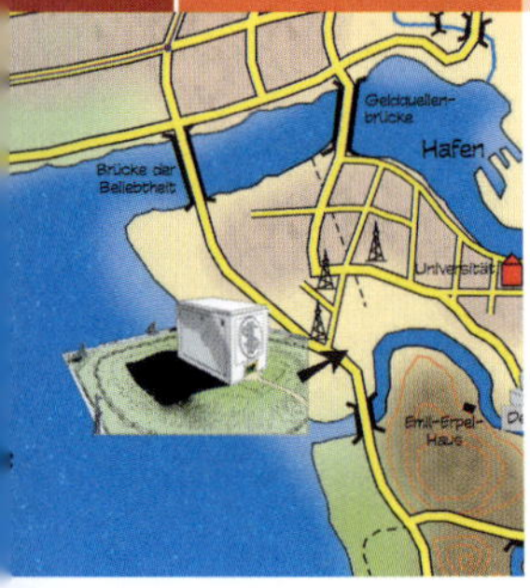

(H6)

Das Emil-Erpel-Geburtshaus

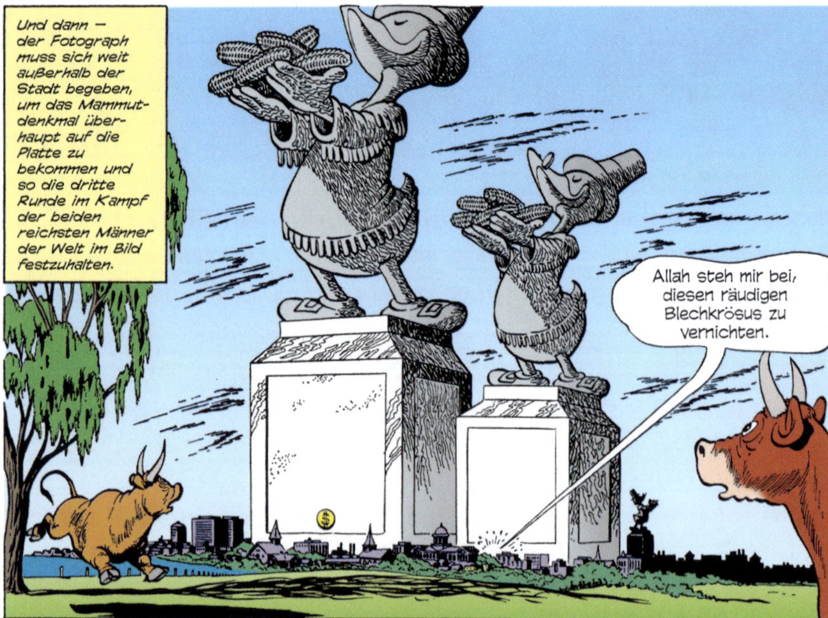

Emil-Erpel-Wahn in Entenhausen.

„Ehret Eure großen Männer!"

So heißt es an dieser Stelle einmal wieder, denn erneut geht es um den Umgang mit den großen Persönlichkeiten der Geschichte, also auch denen der Entenhausener. Und was berichtet uns der große Chronist Carl Barks? Einerseits wurden Emil Erpel, dem großen Gründer Entenhausens, gigantische Denkmäler errichtet, die Entenhausen über Jahre förmlich erdrückt haben – und dann findet sich das Geburtshaus eben dieses Begründers eigenartigerweise so ganz zufällig unter einer Müllkippe![65] Ja, Sie haben richtig gelesen! Dies geschah, nachdem einer von Dagobert Ducks Geldspeichern anlässlich eines Transportes in der Scheldrack, einem südlichen Zufluss der Gumpe, stecken geblieben war. Bei seiner Lockerung wurde eine Flutwelle ausgelöst, die eine vor längerer Zeit stillgelegte Mülldeponie fortspülte und das darunter liegende Geburtshaus von Emil Erpel, des sanfteren der beiden Erpel-Brüder, freilegte **(H6)**. Dabei vermutete man in Unkenntnis seiner Tradition das Erpel-Geburtshaus eigentlich zuerst unter dem Geldspeicher östlich der Bilgenbucht **(H6)** und südlich der Geldquellenbrücke, weswegen Dagobert Duck damit trotz anfänglichen Widerstands umziehen musste. Er hatte sich bereits ein passendes Ersatzgrundstück am anderen Ufer der Scheldrack beschafft **(H-J/6-7)**. Die bereits erwähnte Flutwelle löste aber nicht nur das Erpel-Geburtshaus-Problem, nein, sie spülte auch – was für ein Zufall! – den vermeintlich fehlplatzierten Geldspeicher genau wieder an seinen ursprünglichen Standort zurück! Man höre und staune: An dieser Stelle nun darf er nach des Rätsels Lösung für alle Zeiten auch stehen bleiben. (Es sei denn, man möchte das darunterliegende alte Fort wieder ausgraben!)

Dafür war den Stadtvätern Entenhausens dieser Vorfall so peinlich, dass sie das total heruntergekommene Geburtshaus Emil Erpels nicht nur von Grund auf wieder herrichteten, sondern auch zu einer würdigen Gedenkstätte zur Erinnerung an ihren Gründervater ausbauten. Denn natürlich hatte Dagobert Duck in seinem Groll über die damals noch bevorstehende Geldspeicherversetzung vielleicht gar nicht so unrecht, wenn er grummelte: „Wer war dieser Erpel schon? Ein armseliger Siedler in einer kümmerlichen Bruchbude!" Aber haben wir nicht alle mal klein angefangen? Und ist aus den armseligen Anfängen der Erpel-Brüder nicht ein blühendes Gemeinwesen geworden?

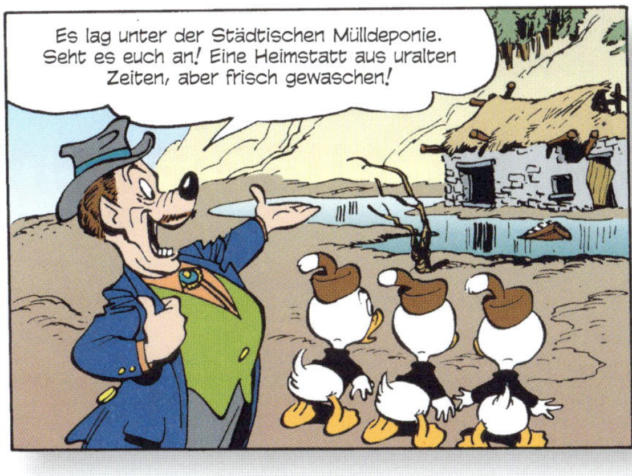

Die Entstehungsgeschichte Entenhausens liegt leider noch immer weitgehend im Dunkel. Wir wissen nur um den Gründer Emil Erpel (alias Cornelius Coot), der immer in stolzer Pose bei der Darreichung eines Maiskolbens auf einem Tablett gezeigt wird. Das könnte Rückschlüsse auf seine Eigenschaft als Getreidehändler zulassen. Sein Bruder Erasmus Erpel soll sich damals anlässlich der Besiedlung mehr um die Verteidigung sowie die Jagd gekümmert haben. Dann gibt es noch eine zweifelhafte Geschichte von einem Dionys Duck, der an einem heißen Sommertag (in Badehose!) als Gründer aufgetreten sein soll. Wenn man sich auf gewisse Parallelen zur amerikanischen Westküste in Kalifornien stützt, dann müsste an dieser Stelle eine Ansiedlung um 1781 gegründet worden sein. Damals gab es hier noch viele Indianerdörfer, später folgten dann spanische Eroberer und 1847 wurde die Siedlung von den Amerikanern annektiert und neu benannt.[66] Zu dieser Zeit muss das Fort Entenhausen entstanden sein, dessen traurige Reste sich unter einem von Dagobert Ducks sieben noch vorhandenen Geldspeichern befinden. Dieses Fort hatte sich bis in die Anfänge des 20. Jahrhunderts gehalten, als Dagobert Duck begann, seinen in Alaska erworbenen Reichtum in Entenhausen zu speichern. Zusammenfassend ließe sich sagen: Dionys Duck war der erste Siedler und Emil Erpel – Cornelius Coot – der offizielle Stadtgründer. Weitergehende Darstellungen sind jedoch spekulativ und daher mit großer Vorsicht zu bewerten.

← Ein kultureller Zufallsfund.

Also auf in das südliche Entenhausen und hinein in die liebevoll hergerichtete Gedenkstätte, in der intensiv nach den wahren Informationen über die Ursprünge und den Werdegang Entenhausens geforscht wird, das sich aus kleinen Weihern, Straßen- und Haufendörfern sowie diversen Einödhöfen zu der pulsierenden Großstadt entwickelte, wie wir es heute kennen!

Der laxe Umgang der Stadtväter mit der eigenen Geschichte ist übrigens keineswegs nur auf Entenhausen beschränkt. Ein weiteres besonders krasses Beispiel dafür, wie man **nicht** vorgehen soll, ist der Anhalter Bahnhof im Berliner Bezirk Kreuzberg, den ein forscher Bezirksbürgermeister nach seiner Beschädigung während des Krieges in den 50er-Jahren kurzerhand sprengen ließ, obwohl die Bausubstanz einen Wiederaufbau durchaus gerechtfertigt hätte! Entenhausen ist eben wirklich überall! Dort zeigt sich das Fehlverhalten der Stadtväter übrigens auch bei der Beseitigung des „Forts Fliegentrutz".[67] Dieses Fehlverhalten kann auch nicht durch die Anlage eines sogenannten „Strandparks" an dieser Stelle wiedergutgemacht werden!

Eine weitere städtebauliche Todsünde ist die schon viel früher veranlasste Einebnung der traurigen Reste des „Forts Entenhausen", dessen Grundmauern sich im Gegensatz zum Geburtshaus des Stadtgründers Emil Erpel **tatsächlich** unter Dagobert Ducks Geldspeicher östlich der Bilgenbucht befinden, wohingegen der unterirdische Gang zur Gumpe noch existiert. Gerade deshalb wäre auch hier noch ein weiteres Betätigungsfeld für gewissenhafte Stadthistoriker. Aber dann müsste Dagobert Duck eventuell doch noch mal – und diesmal wohl endgültig – mit seinem Geldspeicher von dieser Stelle weichen! Es bleibt nur zu hoffen, dass dann die Scheldrackbrücke nach ihrem Wiederaufbau solch spektakulären Anforderungen wie Dagobert Ducks Geldspeichertransporten über den Fluss gewachsen sein wird!

[65] „Kulturkampf in Entenhausen" (BARKS LIBRARY FÄHNLEIN FIESELSCHWEIF 4/3 – HDL 14).
[66] „Historiker Christian Baron „Zeig mir das Land, wo die Enten wohnen" in „DER HAMBURGER DONALDIST" Nr.28.
[67] „Der große Zerstörer" (BARKS LIBRARY 45/6 – WDC 264).

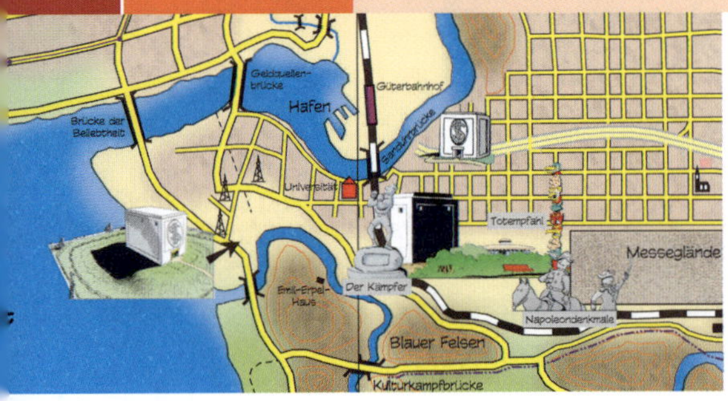

(H6/7)

Die Hafenanlagen

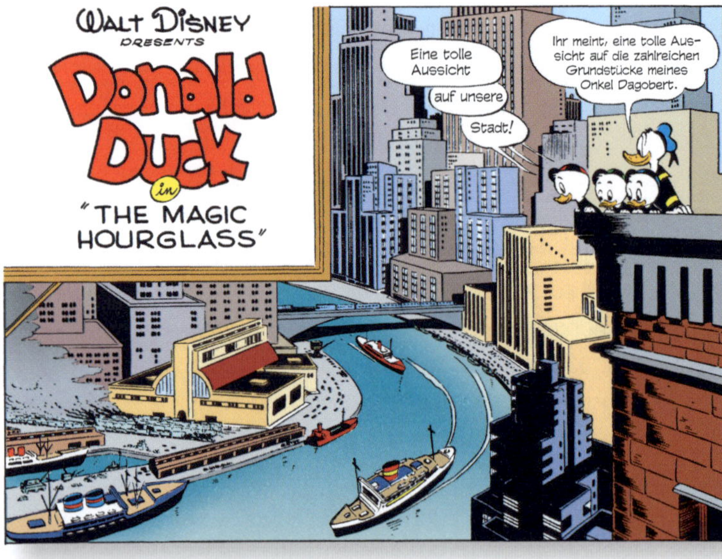

Das imposante Stadtzentrum.

Entenhausen, die quirlige Metropole an der Meeresküste, verfügt natürlich über einen regen Schiffsverkehr, der die Stadt mit der Welt verbindet und für einen stetigen beträchtlichen Warenumschlag sorgt. Auch bietet der Hafen vielen illustren Persönlichkeiten die Möglichkeit zu einem Treffen. Natürlich kann sich Entenhausen nicht mit Schanghai in China messen, wo jährlich über 443 Millionen Tonnen umgeschlagen werden, und es verfügt auch nicht über solch in sich geschlossene und kompakte Hafenanlagen wie zum Beispiel Hamburg, aber dafür bietet es neben dem zentralen Umschlaghafen im Zentrum direkt nördlich der Universität an der Sanduhrbrücke mit seinem sehr verkehrsgünstigen Bahnanschluss[68] **(H6-7)** überall weitere Hafenanlagen an vielen seiner Buchten und an beiden Ufern der Gumpe – und das quasi über das ganze Stadtgebiet verteilt. Wenn man alles zusammen nimmt, kann man Entenhausen durchaus mit Long Beach in Kalifornien vergleichen, wo jedes Jahr immerhin auch 160 Millionen Tonnen Ware gelöscht werden. Das wäre dann ungefähr Platz 20 in der Rangliste der größten Häfen der Welt! So tobt hier in ganz Entenhausen Tag und Nacht das Leben. Der Im- und Export läuft auf Hochtouren. Hier ordern die duckschen Unterbett-Werke[69] ihre Flaumfedern, damit alle Matratzen weiterhin butterweich und kuschelig sind, hier trifft der Rohstahl für die duckschen Automobilwerke ein, auch finden sich hier Start- und Landemöglichkeiten für Wasserflugzeuge[70] **(H4)** und hier wird auch der für gestresste Konzernführer unentbehrliche Muskatnusstee[71] angelandet, damit deren Nervenkostüm vor lauter angestrengter Geldverdienerei nicht plötzlich zusammenbricht. Dieser Tee ist, wie man hört, für Dagobert Ducks Wohlbefinden von enormer Bedeutung.

Für die ganz großen Pötte ist im zentralen Umschlaghafen vor der Sanduhrbrücke bei der Universität allerdings Schluss, da sich hier die Gumpe so sehr verengt, dass für große Schiffe kein Weiterkommen möglich ist. Doch alle, die bestimmte Dimensionen nicht überschreiten, können zügig gumpenaufwärts weiter in die Stadt gelotst werden. Daher führen viele Reeder angepasste Beiboote mit, um in der ganzen Stadt präsent sein zu können. Das ist auch nötig, denn im Stadtinneren warten viele größere Unternehmen darauf, direkt beliefert zu werden, so eine Konservenfabrik **(F8)** und auch das Elektrizitätswerk **(F9)**. Hinzu kommt das gesamte Industriegebiet Entenhausen-Ost

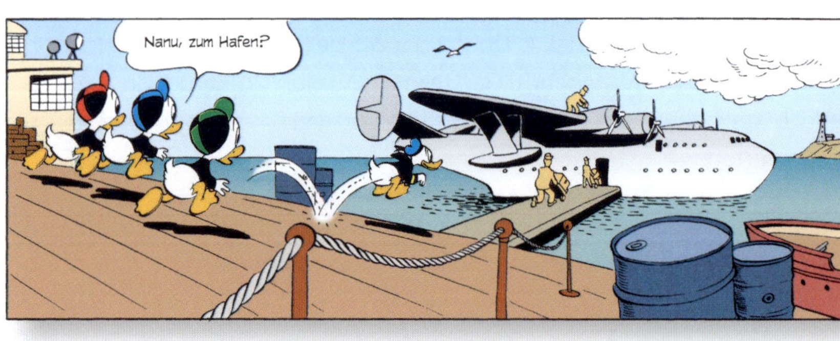

Wasserflugzeug im „Kanal".

(E-F/9-10), soweit es nicht von der Eisenbahn versorgt wird.

Und so sind auch die kleineren Hafenanlagen von großer Bedeutung, wie zum Beispiel die kleine Ausbuchtung südöstlich der Meisenbrücke **(F9)**, die Anlagen im Süden der Bahamalulubucht rund um die Pier 6 **(F5)**, ebenfalls der kleine Hafen im Osten der Bucht hinter den natürlichen Landzungen **(E5)**, von wo aus u. a. das alte Entenhausener **Gaswerk**[72] **(E5)** versorgt wird, wenn der Güterbahnanschluss wieder einmal nicht ausreicht. All diese kleinen selbstständigen Hafenanlagen sind insgesamt genauso wichtig und bedeutsam wie der große Zentralhafen.

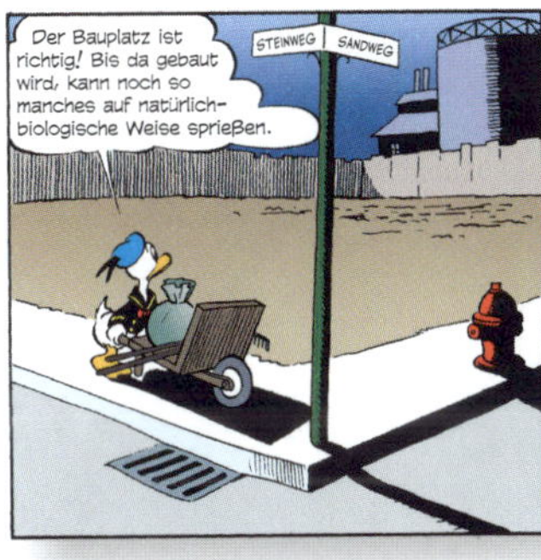

Straßenecke beim Gaswerk.

Das Leben wird jedoch nicht nur durch den Handelsverkehr bestimmt. Selbstverständlich nehmen die Freizeitkapitäne daneben einen erheblichen Platz ein. Sie sind es vorwiegend, die die Gewässer von Zeit zu Zeit ziemlich unsicher machen. Dazu hört und liest man auch gelegentlich von gewaltigen Flutwellen, die einem den Spaß am sommerlichen Strandfest vermiesen können.[73] Auch von stürmischer See ist hin und wieder die Rede, die die Schiffe so schlingern lässt, dass einem ganz schlecht werden kann.

Mit Vorsicht sind allerdings Hafenbereiche zu betrachten, in denen man sich in der „Flibustier-Stellenvermittlung" beim „Klub ehemaliger Piraten" ganz offiziell „eine Mannschaft von schweren Jungs" engagieren kann.[74] Natürlich warten neben anderen zwielichtigen Gestalten hier auch Mitglieder der Panzerknacker-Bande AG auf Gelegenheitsjobs.

Festzuhalten wären da noch so ganz kleine Stege, an denen zum Beispiel die winzige Fähre vom Festland an der Windhundbrücke zur Insel Kniest[75] **(H5)** vertäut wird. Seinerzeit hätte man den kleinen Herrn Duck hier als Kapitän beobachten können. Damals blieb es nicht aus, dass seine Neffen Tick, Trick und Track für diese Fähre mächtig Reklame machen mussten, weil die Anzahl der Fahrgäste ständig sank, was daran lag, dass denen plötzlich rasend schnelle und sich aufbäumende, laut knatternde Motorboote lieber waren als die gute alte gemütliche Dampffähre. Und dabei kann es so schön sein, in Ruhe ohne schreckliche Motorengeräusche und rastlose Hektik dahinzuschippern. Man stelle sich vor, dass hier sogar eine Kuh, die regelmäßig mit der Fähre transportiert wird, ihren Fahrpreis mit der Milch bezahlt, die unterwegs gemolken wird, dann geht es doch wirklich nicht noch gemütlicher!

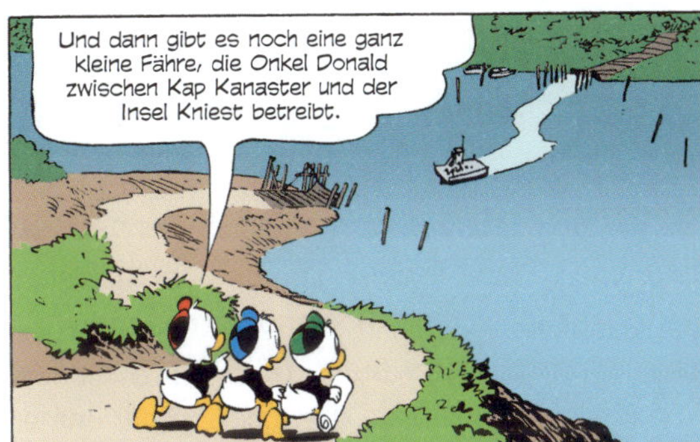

Fußweg zur Kniest-Fähre.

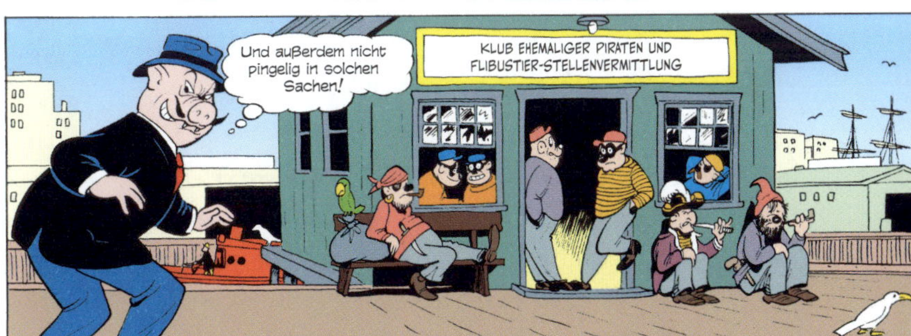

Zwielichtige Jobvermittlung.

[68] „Die magische Sanduhr" (BARKS LIBRARY Donald Duck 16/1 – FC 291).
[69] „Die Prüfung" (BARKS LIBRARY 30/3 – WDC 187).
[70] „Australisches Abenteuer" (BARKS LIBRARY Donald Duck 7/2 – FC 159/2).
[71] „Eine würzige Geschichte" (BARKS LIBRARY Dagobert Duck 24/1 – U$ 39/2).
[72] „Gesundheitsgemüse" (BARKS LIBRARY 1/1 – WDC 31).
[73] „Das Strandfest" (BARKS LIBRARY 37/5 – WDC 224).
[74] „Die Spitzen der Gesellschaft" (BARKS LIBRARY ONKEL DAGOBERT 24/5 – U$ 41/1).
[75] „Fährmann ahoi!" (BARKS LIBRARY 45/2 – WDC 260).

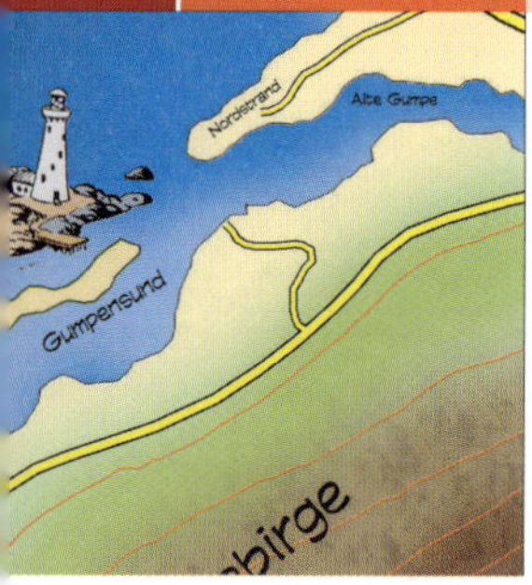

(B7) Gumpensund[76]

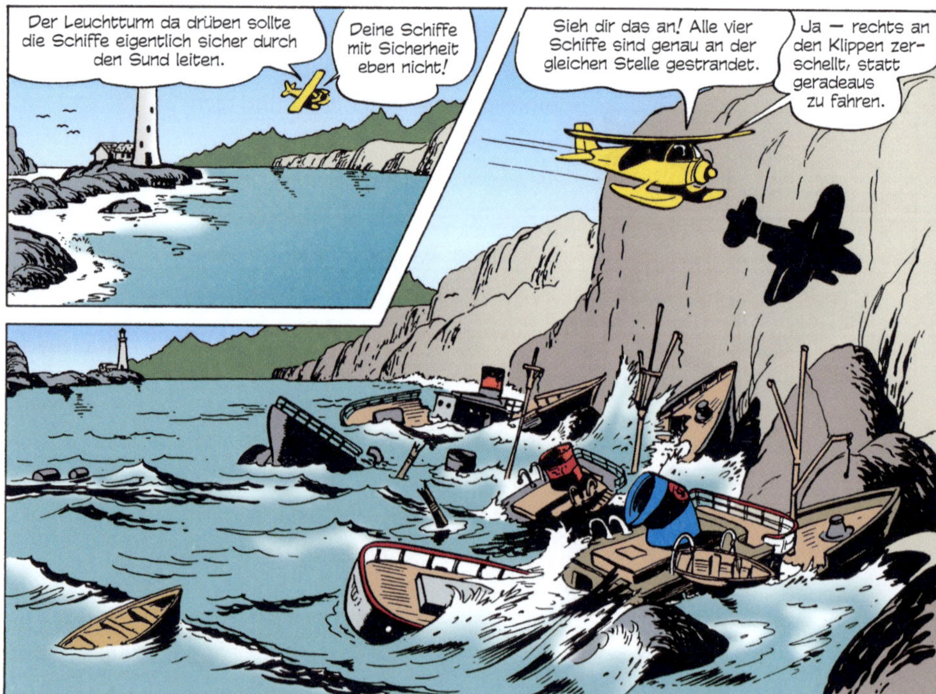

Der Fluch der Gumpensund-Klippen.

Für Touristen, die das Abenteuer abseits der ausgetretenen Pfade lieben, gibt es außerhalb der Stadt ganz im Norden, noch nördlich vom Wirtshaus „Zum blutigen Butt" **(C7)** ein Fleckchen Erde direkt an der Küste, das schon früher immer wieder für Gänsehaut und haarsträubende Begebenheiten gut war:

GUMPENSUND!

Heißt es nun eigentlich „in Gumpensund" oder „im Gumpensund"? Laut Brockhaus heißt es dort „Der Sund" und darunter versteht man eine Meerenge bzw. eine Meeresstraße. In Entenhausen nennt man aber die ganze Gegend, also auch um das Wasser herum, gleichfalls Gumpensund und dank einer Karte, die man beim Entenhausener Industriemagnaten Dagobert Duck sehen konnte, wissen wir auch ziemlich genau, wie es hier aussieht.

In Gumpensund befindet sich einer der größten Schiffsfriedhöfe der Weltmeere und weithin sichtbar ragen zwischen der unwirtlichen Felsküste und der vorgelagerten Insel die geborstenen Reste der aus Platzmangel nicht vollständig versunkenen Schiffswracks heraus, deren Reisen über die sieben Meere hier ein jähes Ende gefunden haben. Noch heute behaupten Seeleute ab und zu, dass es hier spukt und nicht mit rechten Dingen zugeht, und ein Kapitän Kniest vom Frachter „Terror" und ein mit ihm zitternder Detektiv wollen vor Jahren aus Angst sogar von Kanada bis hierher nach Entenhausen gerannt sein. Man könnte direkt daraus schließen, dass Entenhausen südlich von Kanada an der Küste liegt, aber ebenso könnte es sich hier um eine kolossale Verwechslung handeln, denn der Kartenausschnitt Dagobert Ducks ähnelt verblüffend Küstenstrukturen, wie man sie direkt im Süden Kanadas nördlich von Vancouver antrifft. Hier müssen die beiden Angsthasen wohl etwas durcheinandergebracht haben, denn dass man von dort bis nach Entenhausen zu Fuß rennen kann, scheint doch recht zweifelhaft!

Stimmt hier aber wirklich etwas nicht? Normalerweise steht der Leuchtturm von Gumpensund auf seiner kleinen lang gestreckten Insel recht harmlos und friedlich in der Sonne, doch es gab Zeiten, in denen sich die Panzerknacker die schon sprichwörtliche Angst der Seeleute zunutze machten und mit ihren Schattenspielen am Leuchtturm und mit ihrem plötzlich aus der Versenkung auftauchenden Gespensterschiff für Angst und

Schrecken sorgten! Dann sprangen komplette Mannschaften in Panik über Bord und überließen Schiff und Ladung ihrem Schicksal, es herrschten Heulen und Zähneklappern! Vorwiegend deshalb und nicht nur der gefährlichen Klippen und Untiefen wegen steckt Gumpensund noch heute voll von geborstenen und an der Felsenküste Entenhausens gestrandeten Schiffen, auf denen zum Beispiel gesprengte Tresore dafür sprechen, dass hier damals ganz normale Panzerknacker und keine Gespenster am Werk waren.

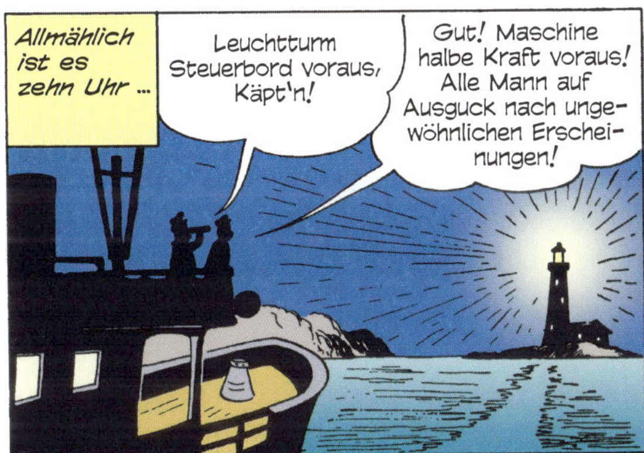

Noch ist alles friedlich ...

Aber das alles ist längst Vergangenheit. Dagegen finden hier nach alter Tradition in mondlosen Sommernächten die alljährlichen **Piratenfestspiele** statt. Da taucht dann in rabenschwarzer Finsternis im Licht des Leuchtturms die schreckenerregende Silhouette des säbelschwingenden Seeräubers Schundnickel auf und aus der glucksenden Tiefe des noch rabenschwärzeren Meeres erhebt sich plötzlich wie zu Zeiten der damals noch aktiven Panzerknacker das komplette Piratenschiff des gefürchteten Seeräubers, der überlebensgroß am Bug seines Geisterschiffes mit wild gezücktem Säbel alles, was ihn umgibt, in Angst und Schrecken versetzt!

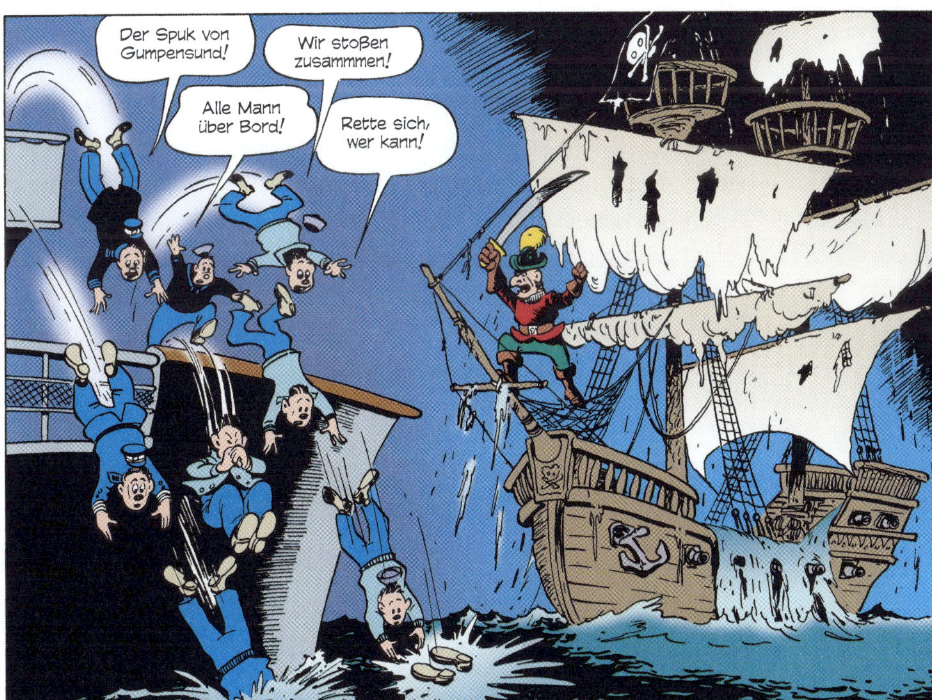

Seeräuber Schundnickel schockt alle!

Früher standen ahnungslosen Leichtmatrosen und selbst mit allen Wassern gewaschenen Kapitänen noch reihenweise die oft spontan ergrauten Haare zu Berge, doch heute muss sich kein Tourist mehr fürchten. Es handelt sich lediglich um eine zwar sehr realistisch dargebotene, aber eben doch nur nachgestellte Aufführung im Rahmen der inzwischen weit über Entenhausens Grenzen hinaus bekannten und beliebten Piratenfestspiele, die allen Besuchern zu nächtlicher Stunde wohlige Schauer über den Rücken jagen!

Ein lohnendes Ziel also für den Besucher Entenhausens, der sich neben der allgemeinen Stadtbesichtigung noch den Sinn für das Außergewöhnliche und das Besondere bewahrt hat!

Schiffstouren nach Gumpensund starten regelmäßig bei passender Wetterlage vom Südufer der Bahamalulu-Bucht (Zubringerdienste finden sich am Bahnhof „Drachenberg" rund einen Kilometer entfernt) und wer schon einmal auf dem Weg nach Entenhausen ist, sollte sich dieses Schauspiel auf keinen Fall entgehen lassen!

[76] „Der Spuk von Gumpensund" (BARKS LIBRARY DAGOBERT DUCK 15/1 – U$ 23/2).

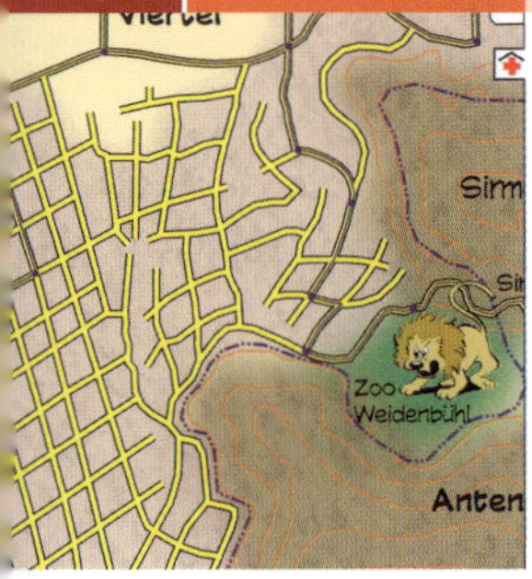

Die Zoologischen Gärten Entenhausens

(F5, J9, F/G 11, G5, G6, E9)

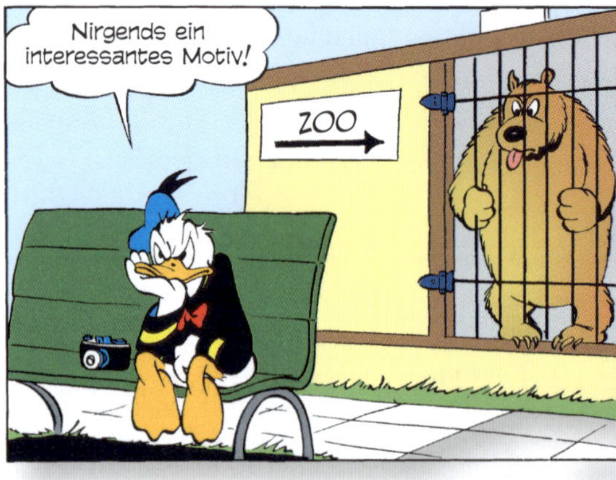

Bär am Gehweg: Wenn das mal gut geht!

Der Entenhausener ist bereits allgemein bekannt für sein Interesse an allem, was da in seiner Umgebung so kreucht und fleucht. Das belegen nicht nur zahllose Beispiele in den vergilbten Akten des Entenhausener Stadtarchivs, sondern auch die vielen Zoologischen Gärten in und um Entenhausen, die in dieser Häufigkeit so dicht beieinander weltweit wohl einmalig sind!

Da gab es einen kleinen beschaulichen Zoo nördlich des Lachssees an der Straße über den Waldbach, der allerdings wegen seiner bedenklichen Sicherheitsmängel inzwischen geschlossen und verlegt worden ist. Hier befand sich beispielsweise die Öffnung des fahrlässig schlecht gesicherten Zugangs zum Bärenkäfig in Form einer primitiv verschlossenen Gittertür noch direkt an der Straße! **(F5)** Dieser Standort war natürlich unhaltbar und so verlegte man jenen Tierpark kurzerhand in die unmittelbare Nähe des Akin-Bones-Hospitals.[77] **(G6)** Für dessen Patienten erfüllte sich damit ein Traum, denn nun konnten sie die Tiere sogar von ihren Zimmern aus beobachten, sofern sie in der glücklichen Lage waren, ihr Bett verlassen zu können. (Trotz der verbesserten Sicherheitslage war es dem stark unter Stress stehenden Zoobesucher Donald Duck allerdings immer noch möglich, den Bären in ihrem Zwinger eigenhändig diverse Karamellbonbons zu entreißen!). Der nicht sehr große Zoo mit seinem üppigen parkartigen Baumbestand ist nach wie vor einen Besuch wert. Auch der Zoo Weidenbühl unterhalb des Sirmelpasses **(J9)** oder der Zoo im Kurpark unweit der heißen Mineralquellen[78] **(E9)** sind Zoos, die einem Vergleich mit Hagenbeck durchaus standhalten. Der Weidenbühler Zoo verdankt seine Existenz übrigens ebenfalls einer Verlegung. Diese Verlegung war notwendig geworden, weil der alte Standort **(H9)** bei Hochwasser immer wieder überflutet wurde. Diese Überschwemmungen wirkten sich regelmäßig recht ungünstig auf den Tierbestand aus. Besonders, nachdem auf der dem Zoo gegenüberliegenden Seite der sogenannte „holländische Deich" zum Schutze des gleichnamigen Viertels angelegt worden war. Die Verlegung des Tierbestands in die neue Anlage im Tal zwischen Sirmel und Wachenstein war damals ein beachtliches Unternehmen.

Kleiner Zoo am Krankenhaus.

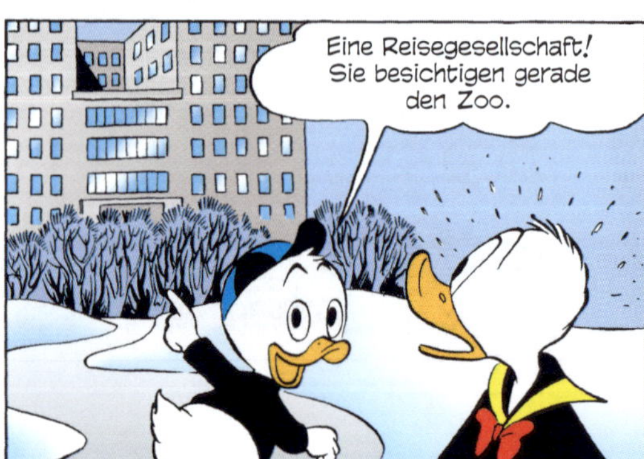

Unternehmer Dagobert auf Abwegen. ➔

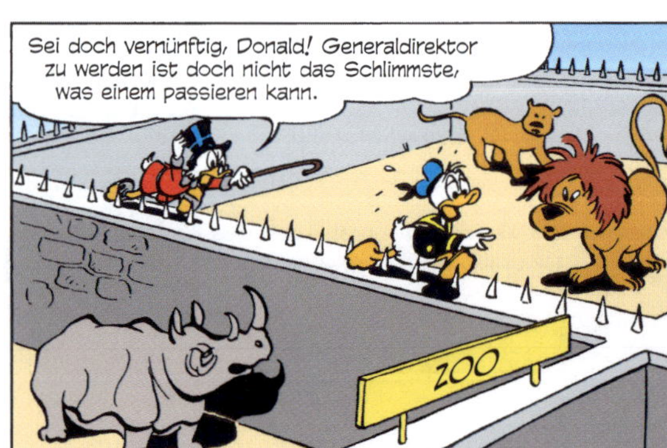

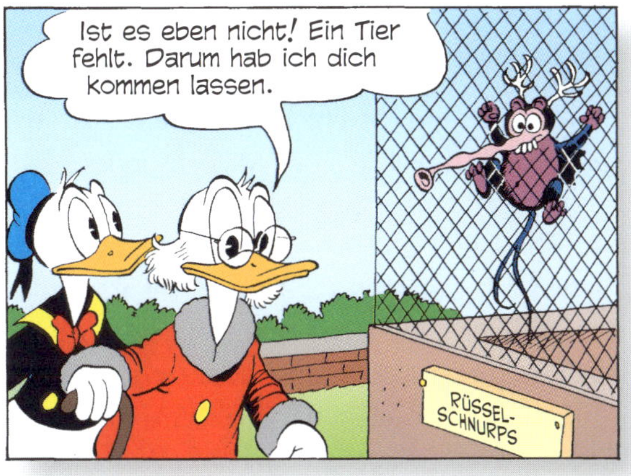

← Rüsselschnurps in Dagobert Ducks Privatzoo.

Einen Sonderfall bildet in dieser Ansammlung von Zoologischen Gärten der Privatzoo des reichsten Mannes der Welt, Dagobert Duck, in Antengrün **(F-G11)**. Er legte diesen ungewöhnlichen Zoo erst relativ spät an. Aus diesem Grund musste er sich bemühen, Tierarten zu präsentieren, die in den übrigen Anlagen nicht zu finden waren und bis heute dort auch nicht anzutreffen sind. Natürlich ging es ihm in erster Linie darum, sich von den bereits bestehenden Zoos abzuheben und zahlungskräftiges sowie neugieriges Publikum anzulocken. Als Beispiel sei hier nur der berühmte **Rüsselschnurps** erwähnt, der mit seinem markanten Rüssel, den auffälligen vorstehenden Zähnen und dem putzigen Geweih ein nicht zu unterschätzender Besuchermagnet ist. Doch damit nicht genug! Dagobert Duck strebt aus den schon erwähnten Gründen ständig danach, Tierarten zu integrieren, die absolut einzig in ihrer Art sind. Für seine Knickerigkeit dabei spricht, dass er seine Anverwandten auf den lebensgefährlichen Exkursionen für die Tierbeschaffung mit einem Stundenlohn im Kreuzerbereich abspeist. Dagegen bot er jüngst in einem Inserat allein für ein Einhorn 10.000 Taler und darüber hinaus „100 Taler Tagesgeld und sämtliche Reisespesen".[79] Das muss man sich mal auf der Zunge zergehen lassen! Aber es zeigt wiederum, wie populär die Tierwelt in Entenhausen ist! Und es ist sogar nicht nur gelungen, nein, es gilt als weltweit einmalige Sensation, in den unwirtlichen Höhen des Himalaja ein Einhorn eingefangen zu haben und in einem Zoologischen Garten Entenhausens halten zu können – man hat nämlich glücklicherweise beizeiten herausgefunden, dass für ein Einhorn die Ernährung mit Himalaja-Moos von echtem Himalaja-Gestein absolut lebenswichtig ist!

Und da selbst ein echtes Einhorn auf die Dauer anscheinend nicht attraktiv genug war, kam Dagobert Duck einige Jahre später auf die geniale Idee, eine Million Taler für einen gesprenkelten Elefanten mit vierkantigem Rüssel[80] zu bieten. Das brachte seinen Zoo wieder voll ins Gespräch und zeitweilig war Dagobert selbst sogar als „komischer Vogel" zu bestaunen, „der eine Million für eine Elefantenmissgeburt zahlt". Na ja! –

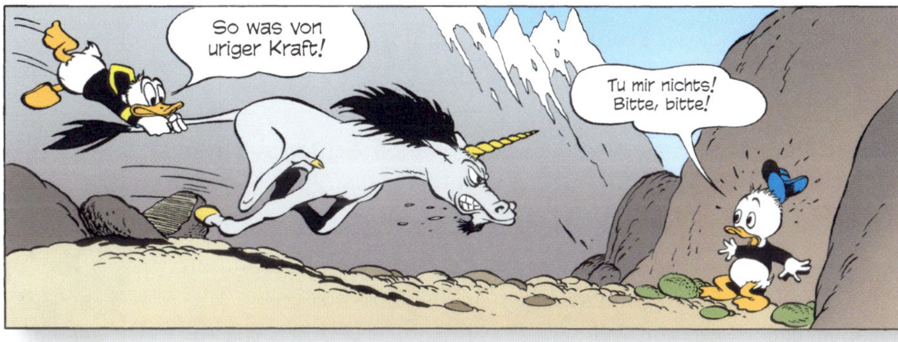

Einhornfang mit Risiko.

Die in Aussicht stehende Million konnte allerdings auch nicht dafür sorgen, dass ein echter gesprenkelter Elefant, und dann auch noch mit vierkantigem Rüssel, irgendwo in der Welt gefunden werden konnte, aber dafür entdeckten die Ducks eine noch viel attraktivere Alternative, nämlich die fünf Sisters vom indischen Staatsballett mit ihrer jumbostanischen Elefantengruppe! Ein Besuchermagnet, wie man ihn sich nicht besser wünschen konnte!

Die 5 Sisters vom indischen Staatsballett.

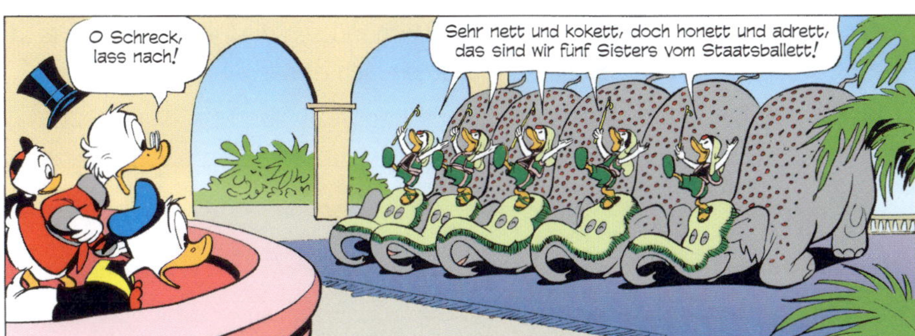

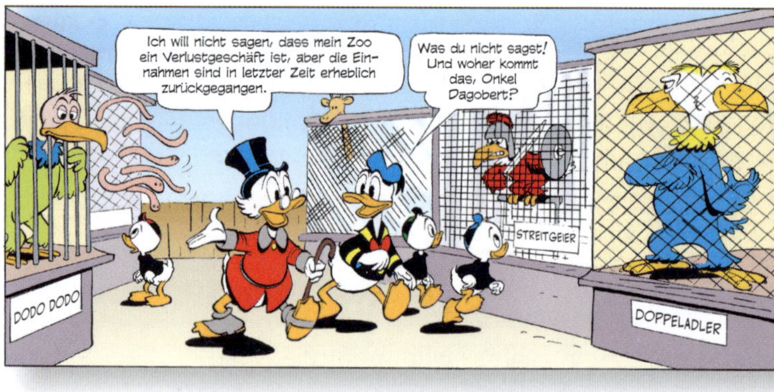

„Exoten" in Dagobert Ducks Privatzoo.

Natürlich bietet der ducksche Privatzoo darüber hinaus eine Vielzahl an seltenen Tieren. Einige dieser Exoten möchten wir Ihnen, dem geneigten Besucher, gern vorstellen:

So lassen sich die sagenhaften **Schlangen der Gorgonen** nur mit Mühe in ihrem Käfig halten, ein eigentlich längst ausgestorbener **Dodo Dodo** wartet verträumt auf die nächste Fütterung, ein **Streitgeier** (vultur militaris) lauert in voller Ausrüstung mit Schild und Schwert auf den nahenden Feind, der **Doppeladler** (aquila biceps austria) zeigt ebenfalls, dass es ihn nicht nur auf Wappen oder Staatsflaggen gibt, ein **gemeines Faultier** (stinkus communis) macht schlapp im Käfig liegend seinem Namen alle Ehre, die unbeliebte **Wüstenkeifzange** (xantippa deserta) lauert streitsüchtig auf ihr nächstes Opfer und das **Prunkhörnchen** (sciurus gigantus luxuriosus) blickt mit großen Lauschern neugierig durch das Maschengitter seines Käfigs.

Also auf zu einem Besuch in Dagobert Ducks Privatzoo in Antengrün östlich von Entenhausen, gleich hinter dem neuen Großflughafen – direkt in der Einflugschneise! (Hier zeigt sich übrigens, dass der wie immer gewinnorientierte Dagobert Duck natürlich nach einem besonders günstigen Grundstück gesucht hat, als es um den Zoostandort ging. Und das bisschen Lärm müssen die Tierchen eben aushalten! Ja, so einfach ist das.)

Nicht unerwähnt bleiben darf im Zusammenhang mit den Zoologischen Gärten Entenhausens das „Aquarium und Delphinarium" direkt an der südlichen Küstenlinie[81] des Möwensundes nördlich des berühmten Schlangenfelsens mit seinem herrlich gelegenen Freibecken für Dressurvorführungen mit Delfinen! **(G5)** Auch hier freut man sich übrigens über jeden fremdartigen, noch nie da gewesenen Neuzugang! Man erreicht diese Attraktion am besten nach kurzem Fußmarsch vom südwärts gelegenen Bahnhof „Westend"!

Aquarium und Delphinarium. ➔

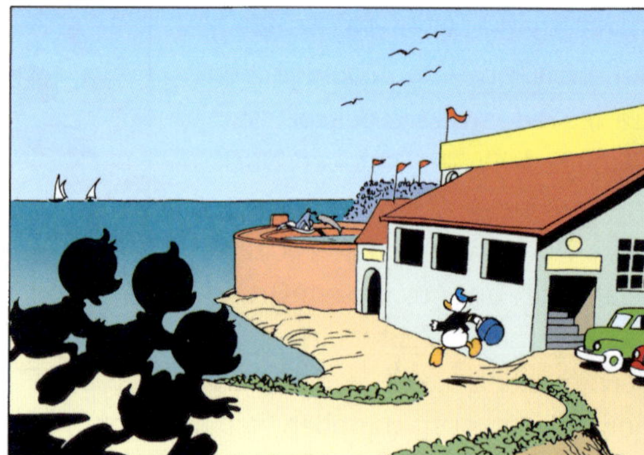

Bei aller Tierliebe ist der Entenhausener übrigens auch für seinen recht unbefangenen Umgang mit der Tierwelt im Bereich von Forschung und Wissenschaft bekannt. Das bezeugen nicht nur die außer Kontrolle geratenen frei herumlaufenden Versuchstiere des Protonengenerator-Professors[82], sondern auch die merkwürdigen Mutationen auf ebenfalls freiem Feld im Norden Entenhausens[83] **(C10)**, die allerdings keine Gefahr darstellen und daher auch keineswegs die besondere Aufmerksamkeit von Passanten erregen. Und selbst der geniale Erfinder Daniel Düsentrieb ist hiervon nicht ganz ausgenommen, denkt man nur an seine kühnen Erfinderüberlegungen mit den Ergebnissen: „Etwas, was nach nichts aussieht" und „Nichts, das nach etwas aussieht"![84]

[77] „Das große Bonbon-Malheur" (BARKS LIBRARY 28/1 – WDC 175).
[78] „Die Trommel von Bugubu" (BARKS LIBRARY 45/3 – U$ 33/4).
[79] „Die Jagd auf das Einhorn" (BARKS LIBRARY DONALD DUCK 13/2 – FC 263/3).
[80] „Der gesprenkelte Elefant" (BARKS LIBRARY Dagobert Duck 29/2 – U$ 54/1).
[81] „Der große Fang" (BARKS LIBRARY 36/4 – WDC 218).
[82] „Riesenameisen" (BARKS LIBRARY DONALD DUCK 24/1 – DD 60/1).
[83] „Grüner Salat" (BARKS LIBRARY DAGOBERT DUCK 28/2 – U$ 51).
[84] „Kühnes Experiment" (BARKS LIBRARY DANIEL DÜSENTRIEB 2/7 – U$ 26/2).

Zirkusse in Entenhausen

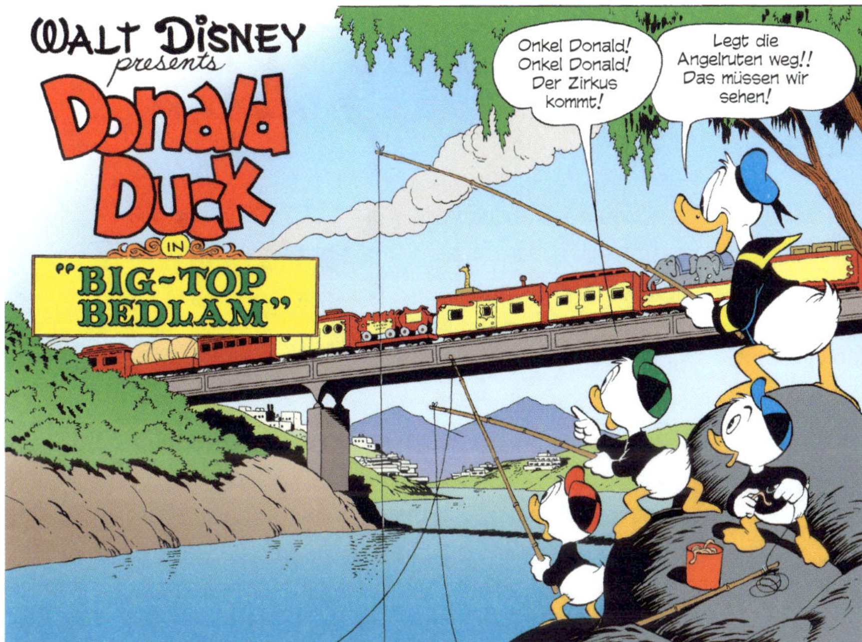

Der Zirkus kommt!

Ein besonderer Teil der Kultur in Entenhausen verdient es, auf zwei Extraseiten ganz besonders behandelt zu werden: die Zirkuswelt in Entenhausen!

Es lässt sich ohne Übertreibung und mit einem gewissen Stolz sagen, dass Zirkusse das ganze Jahr über in Entenhausen gastieren, denn ständig steht mindestens irgendein auffälliges Zelt im Stadtgebiet; immer wieder fahren Züge mit Zirkuswagen durch die Stadt.[85] Ja, und ab und zu verirrt sich sogar einmal ein Kamel oder ein anderes Tier in den Straßenschluchten der Gumpenmetropole. Dann ist natürlich die Aufregung groß, bis der Ausreißer wieder eingefangen ist! Der Entenhausener liebt seine Zirkuswelt, den charakteristischen Duft der Manege und den Blick hoch unter das Zeltdach zu den waghalsigen Trapezkünstlern aus allen Erdteilen. Er liebt die vielen Tierdressuren mit Tigern, Löwen, Zebras, Pferden, Affen und Elefanten. Ja, aber die Clowns sind natürlich der absolute Gipfel! Freuen Sie sich also mit und lassen Sie sich einfangen von der ganz besonderen Atmosphäre des Entenhausener Zirkuslebens!

Viele internationale Namen tauchen auf Riesenplakaten auf und werben mit einzigartigen Attraktionen! Da wäre sogleich der **Zirkus Zirkoni**[86] zu erwähnen, der – vergleichbar etwa mit unseren Zirkussen Krone, Busch, Sarrasani oder Roncalli – nicht nur mit Löwen, Affen, Zebras und Elefanten aufwarten kann, sondern der auch Zippo, den schnellsten Verwandlungskünstler der Welt in seinem Programm hat. Und sogar Donald Duck hatte hier anlässlich der Suche nach einer verloren gegangenen Brosche seinerzeit einen unfreiwilligen Auftritt als „lebende Kanonenkugel" und als Clown. (Das sahen seine Neffen allerdings als Schande für die Familienehre.)

Dem **Zirkus Zerutti**[87] kam bei seinem Gastspiel in Entenhausen einmal der Gorilla Horrendo abhanden. Zu dieser Zeit betätigte sich gerade Donald Duck als prominenter Haarkünstler in der Innenstadt und er hielt den bei ihm in einer kecken punktgemusterten kurzen Hose auftauchenden Gorilla mit Kennerblick „für einen von den Rausschmeißern". Nach seinem neuen Haarschnitt sah der Gorilla dann allerdings aus wie „ein harmloser Junggeselle" oder wie „ein pensionierter Nachtwächter" und das passte dem Zirkusdirektor, der sich hier bereits seinen Schnurrbart mit einer speziellen Feinschleifmaschine anspitzen ließ, nun wieder gar nicht! Gegen seine Schadenersatzansprüche konnte sich Haarkünstler Donald jedenfalls erfolgreich zur Wehr setzen.

Bei den tollen Nummern, die in Entenhausen dem verwöhnten Publikum geboten werden, bleibt es nicht aus, dass schon mal ein Zirkus bei der übergroßen Konkurrenz nicht mehr mithalten kann. Dieses Schicksal traf vor einiger Zeit den **Zirkus Zaccopani**,[88] der sich in seinem Winterquartier gezwungen sah, sämtliches lebendes und totes Inventar zu Schleuderpreisen zu verkaufen. So kam Donald Duck zum Weihnachtsfest unverhofft zu einem in der Garage deponierten ausgewachsenen Kamel, das seine munteren Neffen dem Zirkus von ihrem Taschengeld abgekauft hatten. Und dessen beliebte Fernseheauftritte als „Leuchtkamel Omar" brachten zur Freude der Neffen – und auch Donald Ducks – sogar die Anschaffungs- und Unterhaltskosten lässig wieder rein! In Entenhausen versteht man es eben, aus allem etwas zu machen!

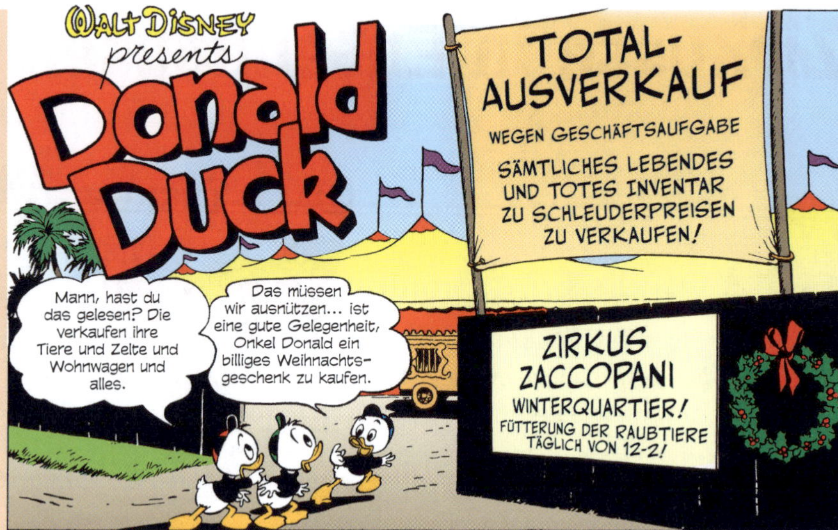

Ausverkauf beim Zirkus Zaccopani. →

Hinzu kommt noch der nicht weiter beschriebene **Zirkus Zick**, von dem man nur weiß, dass er sich mit seinem Kamel Ali Baba am Rennen um den Dagobert-Duck-Preis beim Entenhausener Wiesenfest beteiligen wollte. Allerdings leider genauso vergeblich wie auch die anderen Mitbewerber, denn gleichzeitig nahm auch der bengalische Königstiger Silberzahn des Maharadschas von Stinkadore[89] an diesem Rennen teil und gegen den traute sich aus verständlichen Gründen keines der anderen Tiere anzutreten. Und dabei hatte Bankier Dagobert Duck gerade in diesem Jahr sein eigenes Körpergewicht in Diamanten als 1. Preis ausgesetzt!

Last but not least sei noch der **Zirkus Zigarillo** erwähnt, der einfach keinen weiteren Elefanten mehr gebrauchen konnte, auch nicht das Prachtexemplar des Khan von Kaputtan.[90] Ach, mindestens einen kleinen, aber feinen **Flohzirkus** gibt es natürlich auch.[91] Der bildet allerdings nur eine kleine Unterabteilung in den berühmten großen Zirkussen, denn schließlich lässt er sich leicht in einem handelsüblichen Karton unterbringen. Und bei der Gelegenheit zeigte sich mal wieder die Knickrigkeit des Großkapitalisten Dagobert Duck, der es anlässlich allgemeiner gebefreudiger Tierfütterungen lediglich fertigbrachte, „großzügig" seinen Unterarm für eine Flöhefütterung zur Verfügung zu stellen.

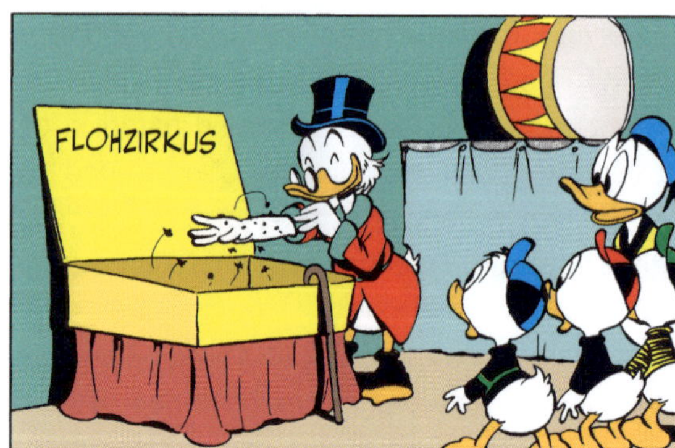

Flöhefütterer Dagobert Duck. →

[85] „Die Jagd nach der Brosche" (BARKS LIBRARY Donald Duck 16/2 – FC 300).
[86] „Die Jagd nach der Brosche" (BARKS LIBRARY Donald Duck 16/2 – FC 300).
[87] „Donald, der Haarkünstler" (BARKS LIBRARY 47/3 – WDC 272).
[88] „Das Leuchtkamel" (BARKS LIBRARY 25/1 – WDC 160).
[89] „Das Wiesenfest" (BARKS LIBRARY Dagobert Duck 8/2 – U$ 9/3).
[90] „Eine wirklich große Hilfe" (BARKS LIBRARY Oma Duck 2/4 – FC 1161/1).
[91] „Dagobert Duck" (BARKS LIBRARY Dagobert Duck 1/9 – FC 495/5).

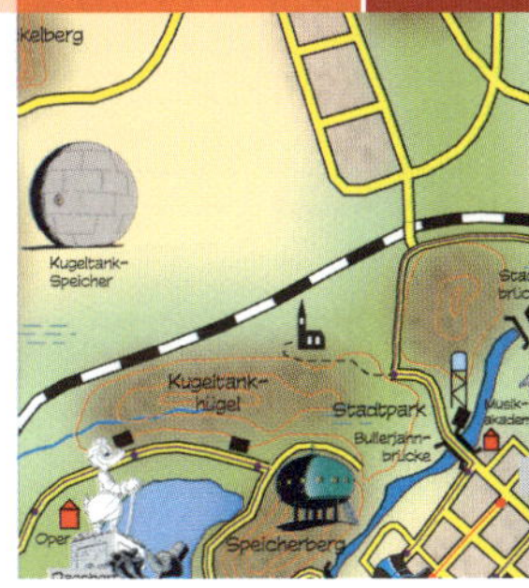

Kunst im öffentlichen Raum

(E 7)

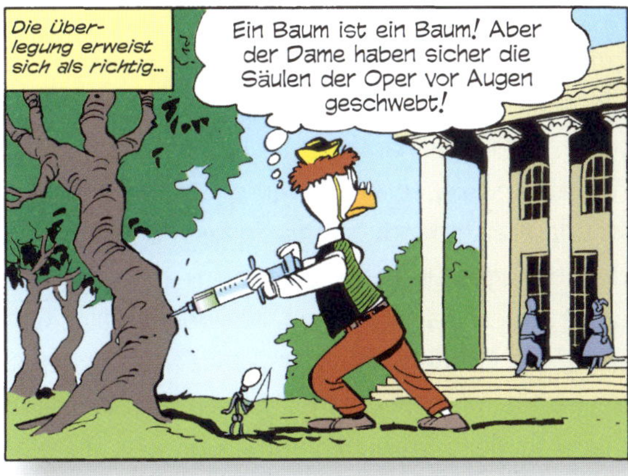

← Vor der Entenhausener Oper.

Entenhausens Stadtbild ist geprägt von Prachtbauten und Sehenswürdigkeiten in allen nur erdenklichen Größen, Formen und Farben. Sie sind so mannigfaltig und zahlreich, dass dieses eine Kapitel nicht ausreicht, um sie alle zu erfassen und zu beschreiben. Deshalb wurde den Brücken ein gesondertes Kapitel gewidmet, da Entenhausen als Stadt an der Küste natürlich über besonders viele bemerkenswerte Prachtexemplare verfügt.

Das herausragendste Gebäude – und dies im wahrsten Sinne –, das Entenhausener Münster „Notre Duck", ist ebenfalls bereits ausführlich beschrieben worden.

Als Nächstes sei hier die Entenhausener Oper[92] angeführt. Sie ist ein prächtiger, mit mächtigen Säulen geschmückter Kolossalbau, gelegen im Stadtholz zwischen Drachenberg und Kugeltankhügel. **(E7)** Er ist für sich bereits einen Besuch wert, wenn nicht gerade eine der hinreißenden Opernaufführungen stattfindet. Beim Durchschreiten der stuckverzierten Wandelgänge wird man spontan an die Semperoper in Dresden erinnert, nur dass hier in Entenhausen alles noch ausladender und gewaltiger wirkt. Allein schon die Kronleuchter an den Decken sind für sich eine Besichtigung wert. Und dann die kostbaren Tapeten und Teppiche! Eine wahre Pracht. Hier hat man weder Kosten noch Mühen gescheut, dem Entenhausener und seinen Gästen die Opernkultur der Welt nahezubringen. Hier genießt der Opernliebhaber absolute Spitzendarbietungen der Opernwelt von Mozart über Verdi bis Mussorgski.

Daneben macht sich das von einer privaten Stiftung und deren unermüdlich für die Allgemeinheit tätigen Mitstreitern geleitete Laienspieltheater zwischen Lachs- und Moorsee nahe beim Unkensumpf **(G6)** richtig bescheiden, aber auch hier wird großes Theater mit Rittern, Drachen und Prinzessinnen gespielt. Besonders spannend wird es immer dann, wenn sich der Laienspieler Donald Duck und sein ewiger Rivale Gustav Gans mal wieder um die Besetzung einer Hauptrolle streiten!

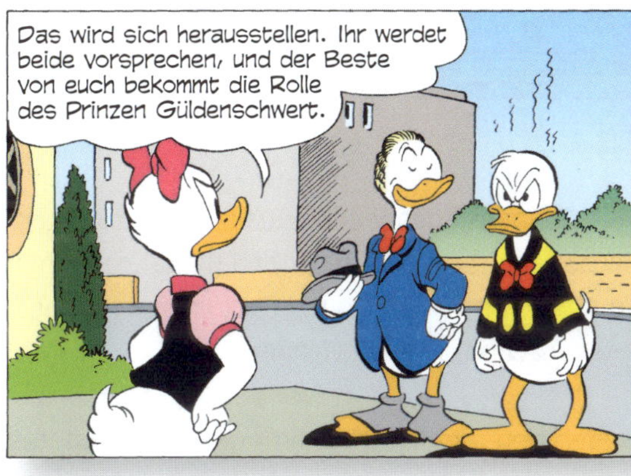

Hauptrollenverteilung.

Doch in Entenhausen wird nicht nur Theater gespielt, es wird auch fleißig regiert und alles getan, um die Stadt lebendig und liebenswert zu erhalten. Dafür hat man in Entenhausen sogar drei Rathäuser, und daran merkt man, dass die Stadt einst aus verschiedenen kleinen Ortschaften zusammengewachsen ist. Vielleicht dauert es ja nicht mehr lange und dann gehören solche Ortschaften wie Antenbüttel, Antenweiler und Klein-Schloppen auch zum Stadtgebiet!

Ein relativ kleines Rathaus befindet sich im Holländischen Viertel. **(H9)** Dagegen steht ein riesengroßes wie das in der Altstadt von Danzig mit einem hohen Rathausturm in der Nähe von Dagobert Ducks Büro in der Innenstadt, wo er sich immer weit aus dem Fenster hängt, wenn er auf der Uhr am Rathausturm sehen will, „wie viel die Uhr geschlagen hat", denn für eine eigene Uhr ist er einfach zu knickerig.[93] Ein drittes Rathaus ist im Norden gegenüber der Freilichtbühne[94] **(E8)** zu finden, wo Donald Duck in seiner Rolle als bekannter Meisterdetektiv vor langer Zeit auf den berühmten Katzenaugen-Opal aufpassen musste. Dieser Opal sollte nämlich König Karton von Tulong Sarong, einem der immer wieder präsenten Prominenten, anlässlich seines Besuches in Entenhausen geschenkt werden.

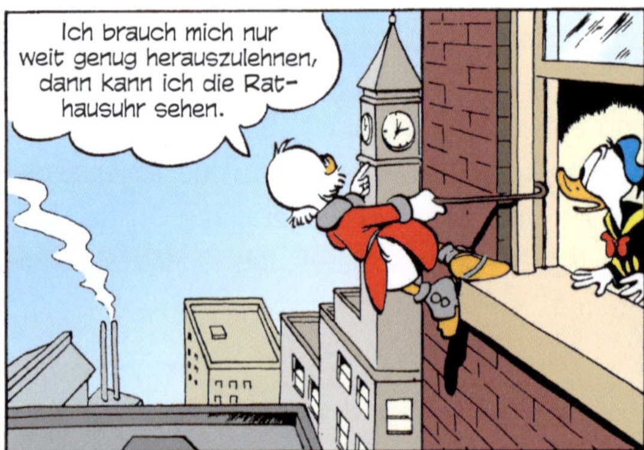

Rathausblick.

Wer übrigens irgendeine aktuelle Frage zu Entenhausen hat, ist in einem der drei Rathäuser immer an der richtigen Stelle. Und für tolle Erinnerungsfotos machen sie auch viel her.

Außer den großen Häusern und Prachtbauten erfreuen viele kleine Gedenkstätten, Ehrenmale, Skulpturen und Denkmäler die Touristen. Eine sehr bekannte Gedenkstätte ist das **Geburtshaus von Daniel Düsentrieb**[95] **(E5)** im Osten der Hasenheide. Schon zu seinen Lebzeiten wurde es zur Gedenkstätte erhoben. Viele weitere große und kleine Denkmäler sind über die gesamte Stadt verteilt. Jedes für sich ein Anziehungspunkt!

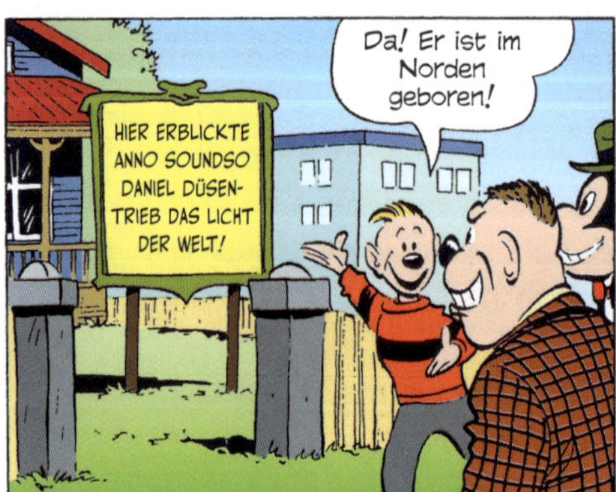

Daniel Düsentriebs Geburtshaus.

„Ehret Eure großen Männer!",

heißt es diesmal aus dem Munde eines Entenhausener Bürgermeisters, und Männer sind es auch fast ausschließlich, denen in Entenhausen Ehre zuteilwird, meist durch die Errichtung pompöser Standbilder, die allerorten in der Stadt anzutreffen sind. Einige charakteristische Exemplare sollen hier als Beispiel erwähnt werden. Manche stehen so unauffällig da, dass man sie fast übersieht, andere dagegen sind absolut nicht zu übersehen; es gibt Statuen, Bauwerke und Naturdenkmäler, Objekte des Größenwahns und wiederum liebevoll gestaltete – leider vergängliche – Schneeplastiken (hier mit der „Schneekönigin" übrigens die einzige übermittelte weibliche Gestalt unter lauter Männern!).

Der Denker[96] **(F5)**, eines der ältesten frei stehenden Denkmäler Entenhausens, das ganz unauffällig zwischen der alten Festwiese und dem inzwischen verlegten Zoo platziert ist.

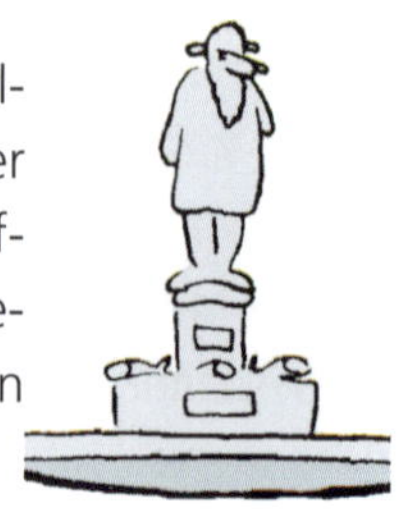

Löwen am Völkerkundemuseum[97] **(J8)**, die imposanten Bewacher beidseits der Freitreppe vor den Toren des Museums.

Die Gänseburg[98] **(D8-9) mit Aussichtsturm**, Namensgeberin des Entenhausener Nachbarortes im Norden.

Der unbekannte Apotheker[99], ein Rezept schwingend steht er da zwischen Donalds Wohnsitz 16 **(H10)** im Holländischen Viertel und der Apotheke.

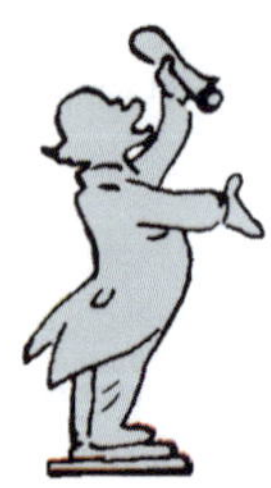

Der fröhliche Sprenger[100]**(H9)** steht in der Grünanlage zwischen der Scheldrack und dem Stadtkern unweit der Eisenbahn zum Gedenken an die vielen Siedler und Kleingärtner, die mitgeholfen haben, Entenhausen zu der blühenden Großstadt zu machen, wie wir sie heute kennen.

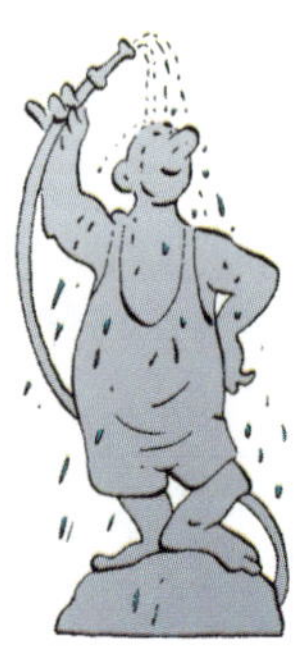

Die Emil-Erpel-Statue[101] in der Nähe der Oper. Früher fand man sie in allen Größen über Entenhausen verteilt, wie das Foto zu Beginn des Kapitels „Das Emil-Erpel-Geburtshaus" zeigt.

Bei den Emil-Erpel-Statuen handelt es sich um ein besonderes Phänomen, das sich aus dem Wettstreit zwischen Dagobert Duck und dem Maharadscha von Zasterabad ergab und bei dem beide die Stadt mit Emil-Erpel-Statuen vollpflasterten. Während der Maharadscha jedoch an seiner sinnlosen Bauwut pleiteging, verstand es Dagobert Duck, mindestens den Sockel eines seiner Denkmäler als zukünftigen Geldspeicher zu nutzen. Und ein weiterer Sockel prägt nach seinem „Rückbau" sogar ein ganzes Stadtviertel, nämlich das versetzt zum sonstigen Straßenraster stehende Bankenviertel. **(G8)** In seinem unterirdischen Fundament befinden sich heute die Tresorräume der Banken von Entenhausen. Die letzte verbliebene Emil-Erpel-Statue steht heute unweit der **Dagobert-Duck-Statue (7)** im Stadtholz in der Nähe der Oper. **(F7)**

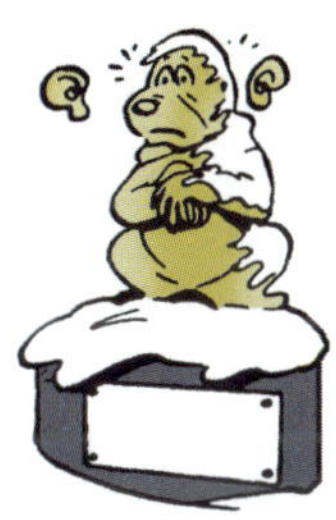

Sebastian Schlafittich[102] **(F10)**, ein Würdenträger, dem in einem besonders kalten Winter doch glatt die Ohren abgesprungen sind!

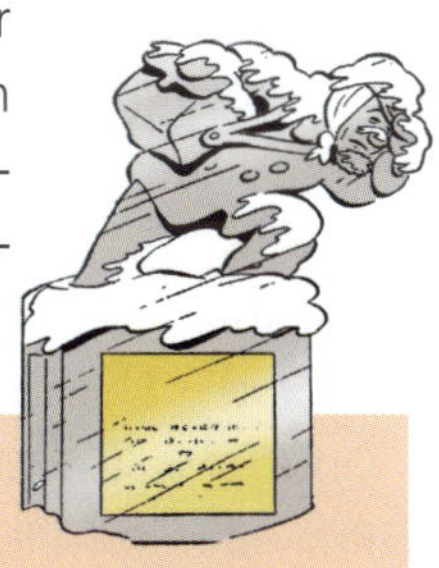

Hilfspostbote Säbelbein (F10), ein für Donald Duck in seiner Funktion als Briefzusteller noch neues Denkmal, einen Katzensprung vom Denkmal des Sebastian Schlafittich entfernt.

Die Aufschrift auf dem Sockel: „Dieses Denkmal wurde errichtet zu Ehren des wackeren Hilfspostboten Säbelbein, der nie in seinem Leben einen Brief verloren hat. Ob Schnee, ob Regen, ob Freud oder Leid, nie wich er auch nur einen Fingerbreit vom Pfad der Pflicht ab." – Ja, so etwas hat es tatsächlich gegeben!

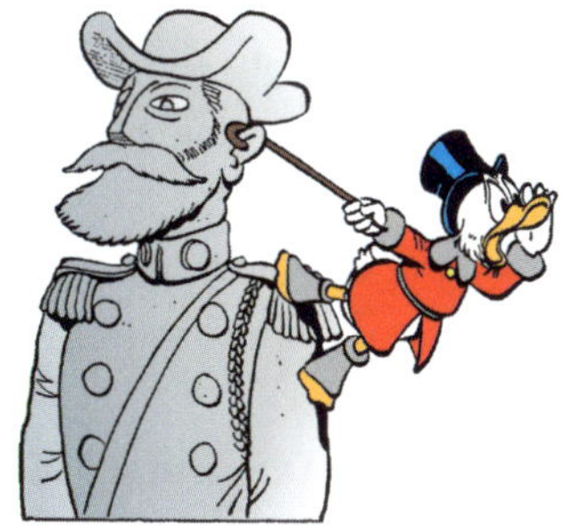

Unbekannter Militarist[103] **(F8)** (Friedrich Wilhelm von Steuben?) in einer kleinen Parkanlage in der Nähe von Dagobert Ducks Büro in der Innenstadt von Entenhausen. Irgendwann erklomm Dagobert Duck dieses Denkmal, er war auf der Suche nach seiner geliebten Brieftaube Petruschka. Das Täubchen liebte er jedoch eigentlich nur deswegen, weil es in seinem Auftrag mit einem Scheck über eine Million Taler zur Bank davongeflogen, dort aber nicht angekommen war. Nun plötzlich beschlich ihn die Angst um den Scheck – er hätte ihn so gerne zurückgehabt!

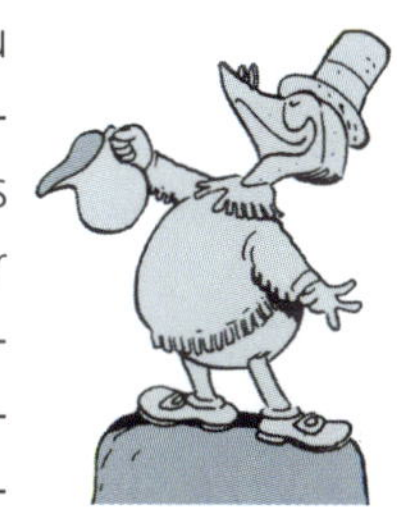

David-Duck-Brunnen[104] **(E7)** zu Ehren des Erbauers der Entenhausener Wasserleitung, eines Zeitgenossen der Gründerväter Emil und Erasmus Erpel im Stadtpark ganz in der Nähe des neuen Rathauses bei der Freilichtbühne.

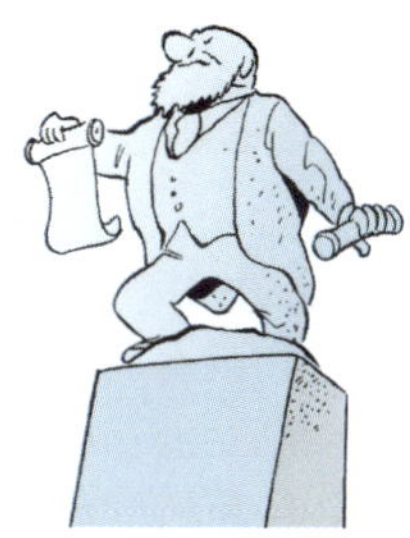

Senator Sagebiel[105] **(G5)**, ein weiterer verdienter Staatsmann Entenhausens, dem man in der schon vornehmeren Gegend im Süden des Möwensundes ein ehrenvolles Denkmal errichtet hat.

Viele weitere Monumente verdienten es noch, gesondert aufgeführt zu werden, aber das würde an dieser Stelle zu weit führen. So seien nur kurz noch „Der Kämpfer" südlich der Universität **(H6)**, der „Totempfahl" östlich des Messegeländes **(H7)**, die „Haudegen-Kanone" nebst „Haudegen-Denkmal" oberhalb der alten Schmiede **(F5)**, das „Kriegerdenkmal" beim Friedhof im Holländischen Viertel **(H9)**, die „Napoleon-Denkmäler" beim Messegelände **(H7)**, der bereits beschriebene Münsterbrunnen im Entenhausener Münster **(G8)** und das Reiterstandbild „Cavalla" auf dem Gelände des Entenhausener Reitstadions direkt am Krähenwald **(G5)** erwähnt.

Neben den kleinen meist auf einem Sockel stehenden herausragenden Persönlichkeiten gibt es im Kreis Entenhausen aber noch eine absolute Besonderheit, die unsere ungeteilte Aufmerksamkeit verdient:

Der Senator-Seidelbast-Felsen (D-E10)

In den Vereinigten Staaten von Amerika findet sich im Bundesstaat South Dakota ein weltberühmter Berg in den Black Hills, der Mount Rushmore. In diesen Berg haben die Amerikaner vor rund 80 Jahren die Köpfe ihrer damals bedeutendsten Präsidenten hineingemeißelt. Zu der Zeit waren das die Präsidenten George Washington, Thomas Jefferson, Theodore Roosevelt und Abraham Lincoln.

Senator Seidelbast.

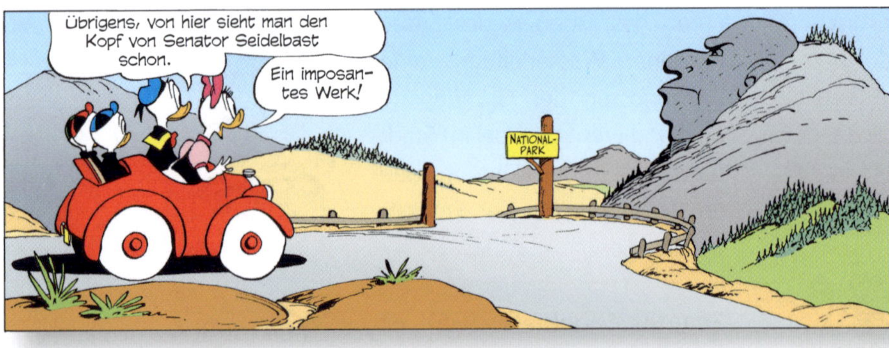

Dieses Unterfangen hat die Entenhausener natürlich nicht ruhen lassen! Eifrig wurde auch hier in der Stadt und drum herum nach einem besonders auffälligen Berg gesucht und bald wurde man fündig. Es handelte sich um einen damals noch namenlosen kahlen Felsen im Naturschutzpark Dürrewald. Auch hier begann man eifrig zu meißeln, doch natürlich reichte es nicht für vier Köpfe, und ein Präsident wurde es auch nicht, aber dem damals gerade verstorbenen allseits bekannten und beliebten Senator Seidelbast sollte die Ehre zuteilwerden. Man wollte seinen markanten Kopf verewigen und ihn damit der Nachwelt für alle Zeiten erhalten.

Das Resultat kann sich jetzt wieder sehen lassen,[106] wenngleich manche Panne unumgänglich war. Unvergessen bleiben Donald Ducks Abenteuer bei seinem Versuch, diesen Senatorenkopf zu reinigen! Ein Adlernest in der Augenhöhle des Senators führte zu einer langen Reihe von Pleiten, Pech und Pannen, bei denen der Senator sogar zwischenzeitlich seiner Nase verlustig ging. Und sicher hat es eine ganze Weile gedauert, bis der Kopf dieser hochgestellten Persönlichkeit nach Donald Ducks Einsatz wieder seine ursprüngliche Form erhalten hat. Heute erstrahlt der Senator aber erneut wie ehedem und ist ein beliebter Anziehungspunkt für Jung und Alt, sodass man extra an der Bahnstrecke Entenhausen – Bad Schönbrunn einen eigenen Bahnhof errichtet hat.

Die **kulturellen Veranstaltungen** nehmen in Entenhausen einen gesonderten Platz ein.

Zu ihren Höhepunkten zählen neben vielen Attraktionen u. a. das immer wiederkehrende **Maitänzchen**, bei dem der Sieger des **Mairennens**, einem frei von allen Regeln laufenden Autorennen, mit der gerade gewählten Maikönigin (in jüngerer Zeit meistens Daisy Duck!) tanzen darf,[107]

das **Strandfest**, bei dem die Herren der Schöpfung für ihre Damen Strandgut suchen und dafür von ihnen bewirtet werden,[108]

und nicht zuletzt die **Entenhausener Herbstparade**, die „für unsere vierbeinigen und gefiederten Lieblinge" stattfindet, und die Donald Duck, wie eingangs bereits erwähnt, mit einem Rad fahrenden Hahn gewinnen wollte.[109]

---

92 „Herbe Kritik" (BARKS LIBRARY Daniel Düsentrieb 5/9 – U$ 33/3).
93 „Die Erbuhr" (BARKS LIBRARY Dagobert Duck 8/4 – U$ 10/3).
94 „Der Meisterdetektiv" (BARKS LIBRARY 43/3 – WDC 252).
95 „Knapp vorbei ist auch daneben" (BARKS LIBRARY Daniel Düsentrieb 4/4 – FC 1095/4).
96 „Die fabelhafte Hasenpfote" (BARKS LIBRARY ,1/2 – WDC 32).
97 „Der Schlangenring" (BARKS LIBRARY DONALD DUCK 2/1 – FC 29/1).
98 „Das Radargerät" (BARKS LIBRARY 6/4 – WDC 60).
99 „Der Supermensch" (BARKS LIBRARY 16/1 – WDC 107).
100 „Die Macht der Töne" (BARKS LIBRARY DONALD DUCK 13/1 – FC 263/2).
101 „Der reichste Mann der Welt" (BARKS LIBRARY 20/4 – WDC 138).
102 „Der Eilbrief" (BARKS LIBRARY 23/1 – WDC 150).
103 „Die Kunst, reich zu werden" (BARKS LIBRARY DAGOBERT DUCK 7/2 – U$ 7/3).
104 „Verhängnisvolle Verwechslung" (BARKS LIBRARY 49/1 – WDC 201).
105 „Rosenmontags-Rummel" (BARKS LIBRARY 43/5 – WDC 254).
106 „Ein kleines Mißgeschick" (BARKS LIBRARY 33/5 – WDC 204).
107 „Das Maitänzchen" (BARKS LIBRARY 47/1 – WDC 270).
108 „Das Strandfest" (BARKS LIBRARY 37/5 – WDC 224).
109 „Die Entenhausener Herbstparade" (BARKS LIBRARY 48/3) – WDC 277).

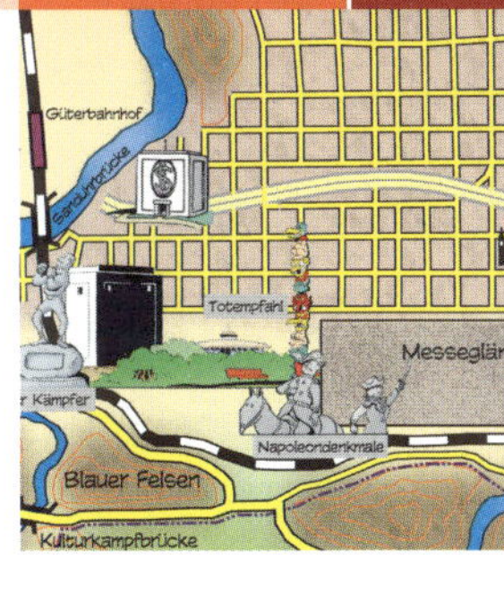

Messegelände und Ausstellungen

(H 7/8)

Eine Stadt wie Entenhausen findet ihren Ausdruck in ihrer kulturellen Weltoffenheit und natürlich auch in den damit verbundenen Handelsbeziehungen. Und für letztere gibt es ein Ausstellungsgelände, das ständig etwas zu bieten hat. Jedes Jahr findet hier zum Beispiel die landwirtschaftliche Landesausstellung statt, auch ganz einfach **Landwirtschaftsausstellung**[110], [111], [112] genannt. Diese Ausstellung ist besonders populär, weil man dort wunderschöne Preise gewinnen kann. Unter den Preisträgern für den besten Honig oder andere landwirtschaftliche Produkte wie die größten Kürbisse, Mohrrüben, den zartesten Mais oder die schönsten Tafeläpfel taucht immer wieder der Name Duck auf. Aber auch originelle Gespanne können einen Preis gewinnen und hier bekam Oma Ducks Stier Bolivar vor Jahren das Blaue Band des Sieges und 100 Taler als ersten Preis. Das mit dem Blauen Band hätte man allerdings besser weglassen sollen, denn schließlich ist Bolivar farbenblind und sieht rot, wenn andere blau sehen! Und das hatte natürlich Folgen ...

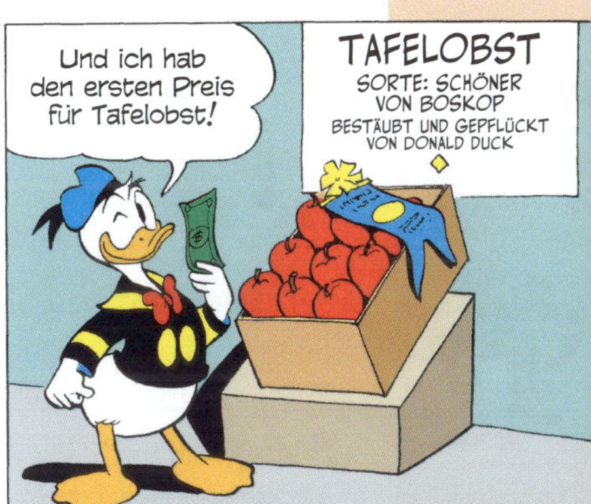

← 1. Preis für Tafelobst.

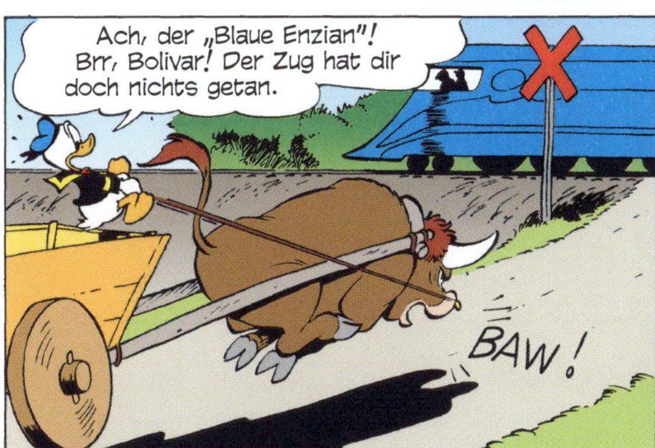

← Bahnübergang vor dem Messegelände.

Doch genug von der Landwirtschaft. Immer wieder trifft man sich an der gleichen Stelle auch zur großen **Hundeausstellung**, bei der es ebenfalls ordentliche Preise abzuräumen gibt. Den absoluten Höhepunkt bildet jedoch die alle fünf Jahre stattfindende große **Entenhausener Weltausstellung**, die ein beispielloser Publikumsmagnet ist. Diese einmalige Messe zieht Besucher aus aller Welt an. Bekommt man doch hier in den verschiedenen Pavillons Dinge zu sehen, die es anderswo nicht oder nie zu sehen gibt!

Ortsansässige wie Donald Duck würden dort am liebsten jeden Tag präsent sein, doch das kann sich leider nicht jeder leisten. Umso besser, wenn es gelingt, den dulleschen Intelligenztest[113] zu bestehen und sich damit eine verantwortliche Stellung als Leiter des Eisstandes auf eben dieser Weltausstellung zu sichern. Nun galt es unter anderem, den Maharadscha von Monsum mit einem „typisch Entenhausener Eisbecher" (also mindestens „sechsstöckig"!) zu beeindrucken, aber natürlich kann dabei auch eine ganze Menge schiefgehen! Das bekam auch das auf der Weltausstellung aufspielende Entenhausener Sinfonieorchester unter der Stabführung von Basso Bompopoff zu spüren. Sogar eine Puffmaisbude kam zur Explosion und das eigens für die Weltausstellungen errichtete drehbare Funkturmrestaurant blieb ebenfalls nicht ungeschoren!

Die jungen Damen vom Varieté.

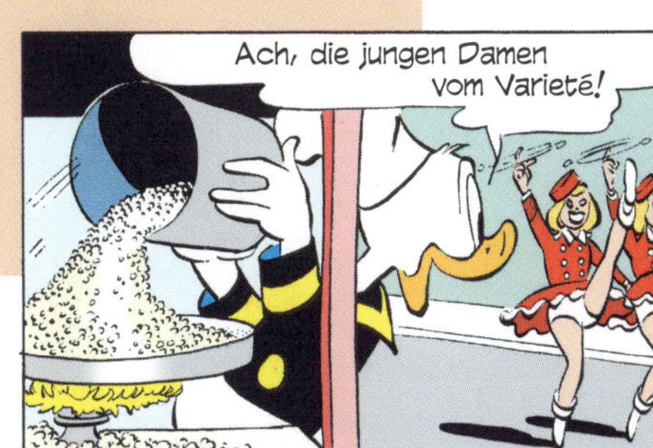

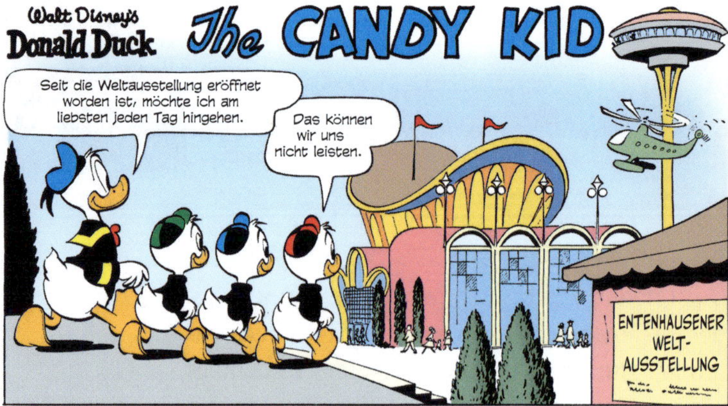

Ausstellungsgelände.

Der Entenhausener Bürgermeister ist anlässlich dieser Ausstellung ständig präsent, denn unablässig sind berühmte und bekannte ausländische Gäste zu begrüßen und zu bewirten! Zu diesem ganzen Spektakel spielt jedes Mal das Entenhausener Sinfonieorchester unter der Leitung seines Stardirigenten Basso Bompopoff vor einem ausgesuchten Publikum. Junge Damen vom Varieté unterhalten die Ausstellungsbesucher und Feuerwerke sorgen nach Einbruch der Dunkelheit für angenehme Abwechslung. Zur Entenhausener Weltausstellung lohnt sich also ein Besuch der Stadt ganz besonders!

Plastik „Spähender Faun“. →

Schneeplastik „Schneekönigin“.

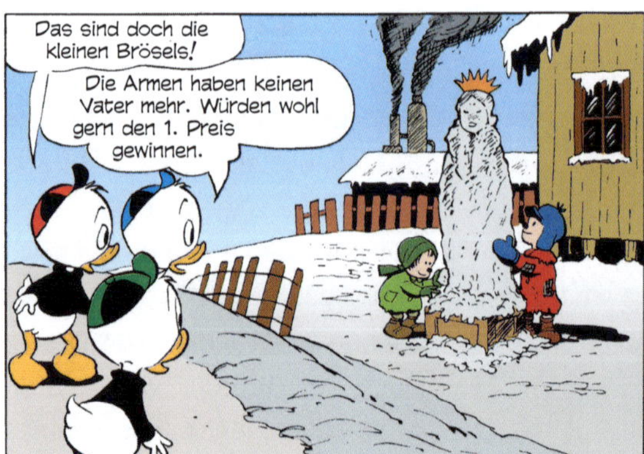

Fernerhin finden natürlich außerhalb des Ausstellungsgeländes weitere kulturträchtige Ausstellungen statt, zum Beispiel die **Ausstellung für Moderne Kunst**, die solche bekannten Künstler wie Angus McWhisker oder den weltbekannten Maler Fricasso[114], den großen Bildhauer Professor Plastilino[115] oder seinen berühmten Künstlerkollegen Pissinasso[116] aus Rom angelockt hat.

Der große Pissinasso beteiligte sich dereinst sogar am **Schneemann-Preis der Stadt Entenhausen** mit seiner Schneeplastik „Spähender Faun", mit der er allerdings nicht gegen die leider auch längst wieder geschmolzene „Schneekönigin" der Brösel-Kinder ankam, die damals den ersten Preis und damit die 100 Taler gewonnen haben.

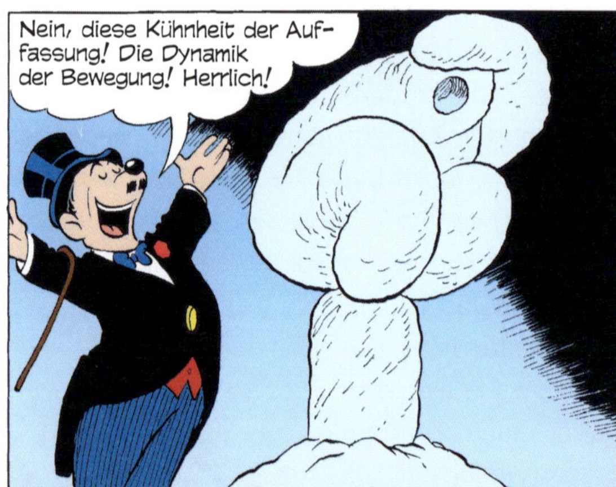

Auch an ganz verborgenen und unvermuteten Stellen wie im Gebäude der Bäckerinnung finden immer wieder Ausstellungen und besondere Vorführungen statt, die dann natürlich speziell das Bäckerhandwerk zum Thema haben.[117]

[110] „Der Bienenkrieg" (BARKS LIBRARY 24/ 4 – WDC 158).
[111] „Erntesegen" (BARKS LIBRARY 34/1 – WDC 205).
[112] „Das Horoskop" (BARKS LIBRARY 29/3 – WDC 182).
[113] „Der Intelligenztest/Donald, der Pfiffikus (BARKS LIBRARY 45/5 – WDC 263).
[114] „Die Spitzen der Gesellschaft" (BARKS LIBRARY Dagobert Duck 24/4 – U$ 41/1).
[115] „Buffo or bust" (BARKS LIBRARY Dagobert Duck 1/41 – U$ 15/1).
[116] „Der Schneemann-Preis" (BARKS LIBRARY 32/2 – WDC 196).
[117] „Kein Meister fällt vom Himmel" (BARKS LIBRARY 35/1 – WDCF 210).

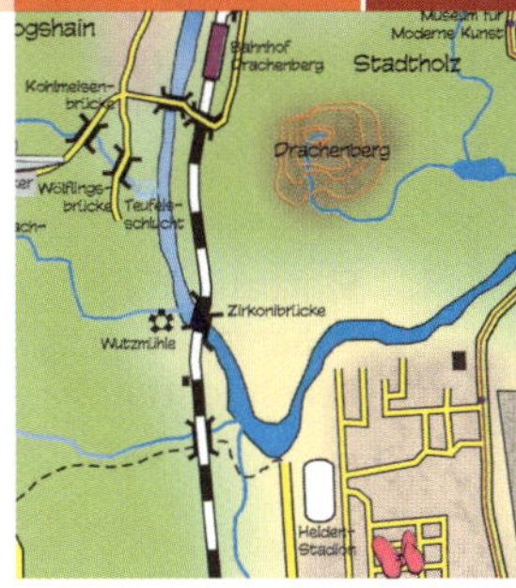

(F/6)

Sport in Entenhausen

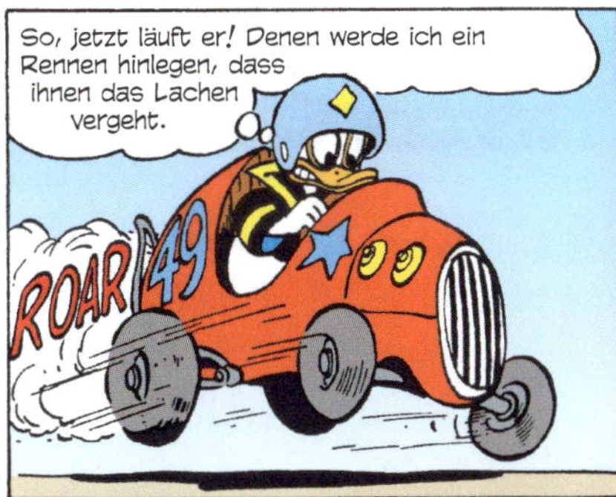

← Rasender Rennfahrer.

Die Sportarten, die in Entenhausen ausgeübt werden, sind ungemein vielfältig und die Austragungsorte verfügen über Weltniveau. Von A wie Autorennen bis Z wie Zylinderabwurf sind wirklich alle Disziplinen vertreten. Und nicht ohne Grund benennt man das **„Heldenstadion"** dicht bei der Colorado-Schleife **(F6)** mit diesem Namen und auch das **Stadion an der Knochenklinik**[118] **(J9/10)** ganz im Süden des Holländischen Viertels war schon mehrfach Austragungsort spektakulärer Wettkämpfe! Der Entenhausener brennt darauf, seine sportlichen Talente zur Schau zu stellen und sich im Wettkampf mit anderen zu messen. So gibt es deshalb auch alle vier Jahre vor jeder Olympiade kein Halten mehr und auch Donald Duck wird dann regelmäßig vom Sportgeist gepackt. Und bei ihm gilt dann stets die Parole: „Nicht siegen, dabei sein ist wichtig!"

Im Entenhausener **Reitstadion (G5)** finden regelmäßig spektakuläre Pferderennen[119] statt (auch schon mal mit vollmechanisierten Gäulen!), wie zum Beispiel das „Königsrennen um den Kristallglobus von Entenhausen", bei dem ein Sieg zu gesellschaftlichem Ansehen höchster Güte führt, dann gibt es verschiedene **Autorennen**, u.a. mit den berühmten Entenhausener Miniflitzern oder speziell für Oldtimer und die schon erwähnten **Olympia-Vorkämpfe**.

Während das allgemeine Autorennen sowohl bei den Teilnehmern wie auch beim Publikum mehr die jüngere Bevölkerung anspricht, nehmen beim „Rennen der Oldtimer" auch schon mal reifere Persönlichkeiten wie der siebenfache Geldspeicherbesitzer Dagobert Duck teil. Dann aber natürlich auch mit einem noch von Gottlieb Daimler persönlich gefertigten Original, das noch mit einer Mischung aus Petroleum und Lebertran fuhr![120]

Beim **Fischerlauf**[121] des Entenhausener Schlittschuhklubs **(H/J10)**, ein absolutes Novum, gelingt es dem Glückspilz Gustav Gans ständig, die als Preise ausgesetzten Tauchsieder und elektrischen Zahnbürsten zu gewinnen, womit er die anderen Teilnehmer, die fortwährend leer ausgehen, immer wieder vergrätzt.

Ein weiterer sportlicher Höhepunkt ist das **Eisfischen** des Lachsklubs auf dem Lachssee[122] **(F/G5)**, zu dem es auch den Entenhausener Bürgermeister immer wieder hinzieht, sofern es ihm seine knappe Zeit erlaubt.

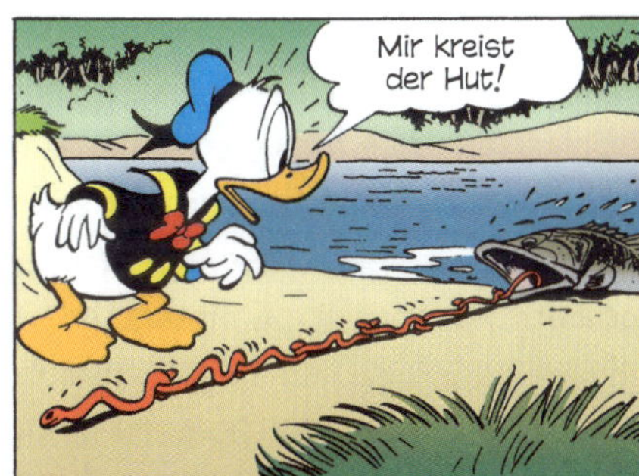

Wunderwürmer angeln Barsch.

Aber auch ganz allgemein hat der **Angelsport** in Entenhausen einen hohen Stellenwert. Immer wieder finden große Angelwettbewerbe statt. Direkt vom Ufer aus oder vom Angelkahn, alles ist möglich. Und wer sich nicht davon beeindrucken

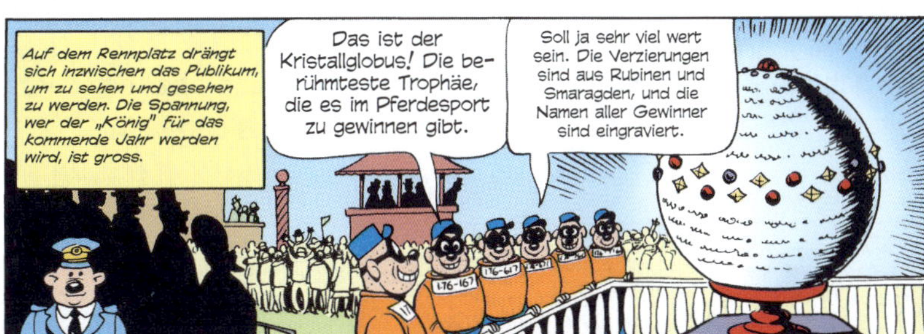

← Das Rennen um den Kristallglobus.

Start zur Bahamalulu-Segelregatta. →

lässt, dass Gustav Gans, das Schoßkind des Glücks, meistens auch daran teilnimmt, der kann nebenbei auch mitunter ganz unverhoffte Preise einheimsen.[123] Aber immer daran denken: „Nie ohne Angelschein!“

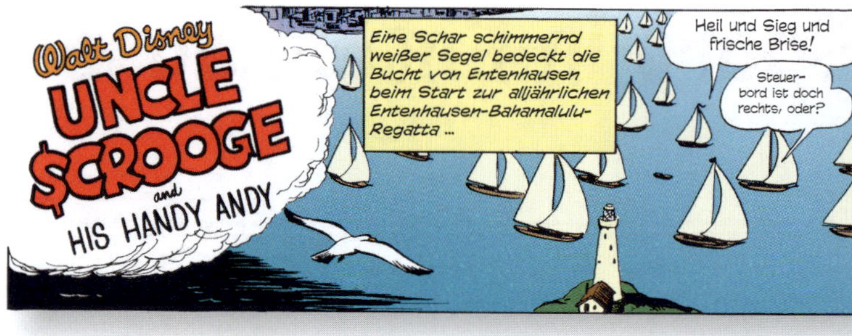

Durch die Begeisterung für den Angelsport wurde selbst der große Erfinder Daniel Düsentrieb seinerzeit zur Zucht seiner „Wunderwürmer“ inspiriert, die in der Lage waren, miteinander Ketten zu bilden und selbstständig, selbst Bombastus, den stärksten aller Barsche, aus dem Entensee **(J 6)** zu fischen[124]. Das brachte Daniel Düsentrieb natürlich sofort den Zorn der aufrechten Angelsportler ein und so musste er seine witzigen Würmer ganz schnell wieder verschwinden lassen!

Bootsrennen am Coloradosee.

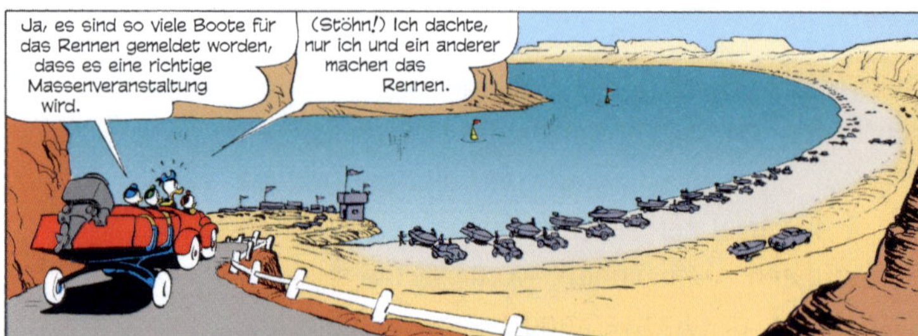

Nordöstlich von Entenhausen findet jährlich das international beachtete **Bootsrennen** am Coloradosee[125] und seinen nördlich angrenzenden Gewässern statt, bei dem nicht nur Schnelligkeit, sondern auch Geschicklichkeit gefragt sind, denn hier gilt es, den verschlungenen „Gänsekragen“ und den geheimnisvollen „Luschensumpf“ möglichst zügig zu durchqueren – und wenn es auf einer Matratze stattfinden sollte. Und manchmal kann es sogar entscheidend sein, dass man nicht nur als Erster ins Ziel kommt, sondern dazu auch noch den „richtigen“ Sprit im Tank hat, wie zum Beispiel „Duckolin 63, das beste Duckolin, das es je gab“ oder „Erpol mit dem Wirkstoff K“.

Neue Sportart: „Löchern mit dem Löcherich“. →

Segelregatten wie die alljährlich stattfindende Entenhausen-Bahamalulu-Regatta[126] mit ihrem Start in der gleichnamigen Bucht, bei der solch prominente Persönlichkeiten wie Konteradmiral a.D. von Kielwasser, Exportbier-Großbrauereibesitzer Balthasar Brandbichl oder Kunz Koschenhaschen, Generaldirektor der Sekurion-Versicherung und Honorarkonsul von Bahamalulu teilnehmen, tragen entscheidend zum Sportleben bei.

Diese Segelregatta dient allerdings dem Finanzgenie Dagobert Duck gern dazu, den Teilnehmern mit Rat und Tat zur Seite zu stehen – natürlich nur gegen Bares und nicht immer im Sinne des fairen Sportgeistes – , um stets selbst am meisten abzuräumen. Ganz egal, ob die „Brigitta“ oder die „Goldelse“ gewonnen haben, letztlich scheffelt Dagobert Duck doch die meisten Preise und Pokale auf seinem Bergungsschiff „Praktikus“.

Neben weiteren allgemein üblichen Sportarten gibt es in Entenhausen auch immer wieder Premieren völlig neuer Sportarten wie zum Beispiel das **„Löchern“**[127], das mit einem weißen durchlöcherten Gummiwürfel, dem sogenannten Löcherich, gespielt wird.

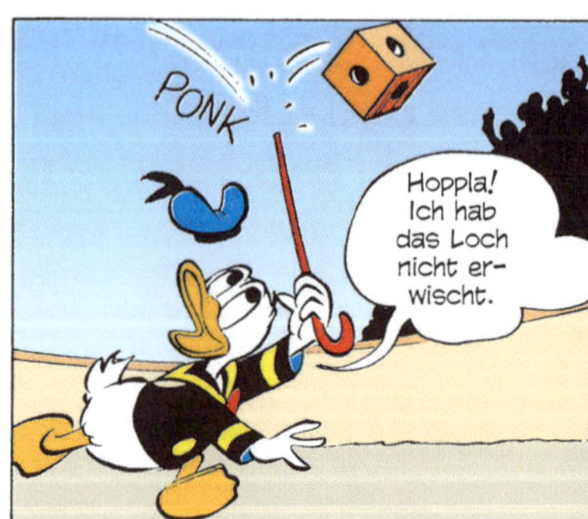

Kurzum, hier wird Alt und Jung über das ganze Jahr hindurch stets Großartiges geboten!

[118] „Lockende Ferne/Lohnende Ferien (BARKS LIBRARY 45/3 – WDC 262/1).
[119] „Das Königsrennen“ (BARKS LIBRARY Onkel Dagobert 35/2 – U$ 66).
[120] „Das Autorennen“ (BARKS LIBRARY Onkel Dagobert 20/4 U$ 34/3).
[121] „Der Fischerlauf“ (BARKS LIBRARY 50/5 – WDC 294).
[122] „Der Sofa-Express“ (BARKS LIBRARY 30/2 – WDC 186).
[123] „Anglerfreuden“ (BARKS LIBRARY 26/3 – WDC 167).
[124] „Die Wunderwürmer“ (BARKS LIBRARY 23/4 – WDC 153).
[125] „Das Bootsrennen“ (BARKS LIBRARY 44/1) – WDC 255).
[126] „Der Regatta-Spezialist“ (BARKS LIBRARY Dagobert Duck 17/2 – U$ 27/3).
[127] „Der Löcherich“ (BARKS LIBRARY Daniel Düsentrieb 5/4 – FC 1184/3).

Spektakuläre Natur

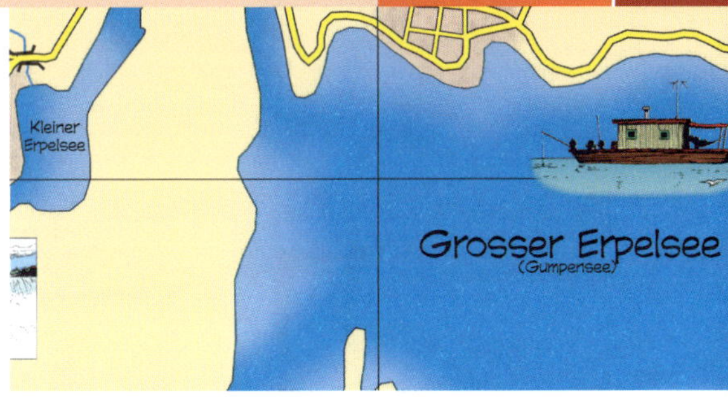

(E/F 13/15)

Unsere quirlige Gumpenmetropole Entenhausen fasziniert immer wieder durch die vielen großen Parks und Wälder, von denen die Stadt auf allen Seiten umgeben wird. Dazu kommen noch die herrlichen Buchten, Seen, Flussufer und Küstenstrände. Prächtige Natur und famose Freizeitkulisse, wohin man schaut!

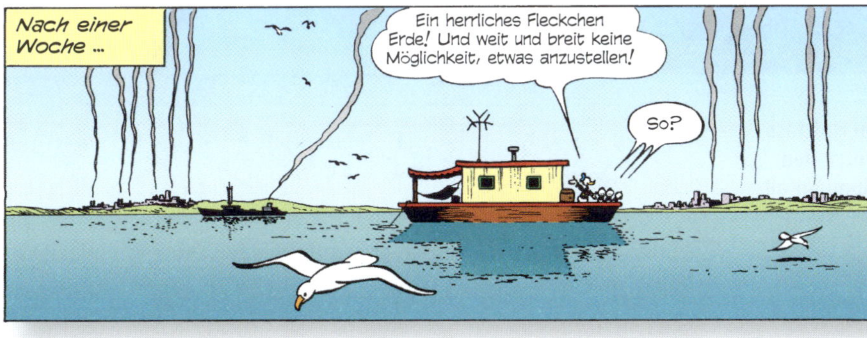

Hausboot auf dem Großen Erpelsee.

Vorab seien zwei Höhepunkte erwähnt. Bei diesen handelt es sich um zwei herausragende Naturschutzparks, direkt vor der Stadt gelegen. Es sind der **Bärenforst (C-D/5-7)** und der **Dürrewald (D-F/10-12)**, in denen man heute noch eine Tier- und Pflanzenwelt antrifft, wie sie sonst in dieser Vielfalt kaum noch irgendwo zu finden ist! Hier finden im Einklang mit dem Naturschutz auch die Ausbildung sowie die großen Geländeübungen der einheimischen Pfadfindergruppen statt. Dabei kümmern sich die Pfadfinder aktiv um den Erhalt der Natur, pflegen die Pflanzen, füttern die Wildtiere und nehmen somit der offiziellen Parkaufsicht eine Menge Arbeit ab. Als „Gegenleistung" dürfen sie ihr Hauptquartier mitten im Naturschutzgebiet unterhalten und von dort aus ihre diversen Unternehmungen starten. Ansonsten kann man hier als interessierter Naturfreund oft stundenlang umherwandern, ohne in der unberührten Natur einen Menschen zu treffen, und das in unmittelbarer Nähe einer Stadt dieser Größenordnung wie Entenhausen!

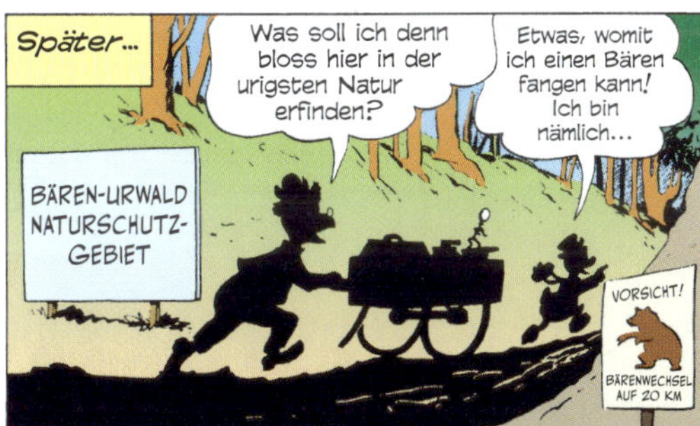

← Parkzugang zum Bären-Urwald.

Einen ebenfalls unvergleichlichen Ruhepol bietet der etwas weiter westlich gelegene und dabei gar nicht so weit entfernte **Große Erpelsee (E-F/13-15)**, dessen Ufer bei bestimmten Wetterlagen von der Seemitte aus nicht zu erkennen ist.[128] Malerisch zwischen den hier sanft in flaches Ackerland übergehenden Ausläufern der Rocky Mountains im Norden und den etwas hügeligeren Brachflächen des hier endenden Adlergebirges im Süden gelegen, erstreckt sich der von der Gumpe durchflossene See in einer Ost-West-Ausdehnung von vier Kilometern und einer Breite von weit mehr als zwei Kilometern. Da der Große Erpelsee nur an seinem Nordufer von kleinen Vororten Entenhausens namens Erpelstadt und Daunenstedt an der Daune – erst weiter flussabwärts am Westufer des Kleinen Erpelsees **(E-F13)** findet sich das aufstrebende Kleinstädtchen „Gösselstadt an der Gumpe" – und einer wenig befahrenen Küstenstraße gesäumt wird, findet der alltagsgestresste Entenhausener Stille und Erholung in Hülle und Fülle. Auch Eltern müssen sich hier keine Sorgen machen, wenn es um das Wohl ihrer Jüngsten geht, da der See bis in weite Bereiche vom Ufer entfernt erstaunlich flach ist. Deshalb ist auch außer einem Hausboot höchstens einmal ein einzelnes verirrtes Segelboot auf dem See zu finden. Der ambitionierte Segler lebt sein Hobby allerdings in den Buchten von Entenhausen oder vor der Küste aus![129]

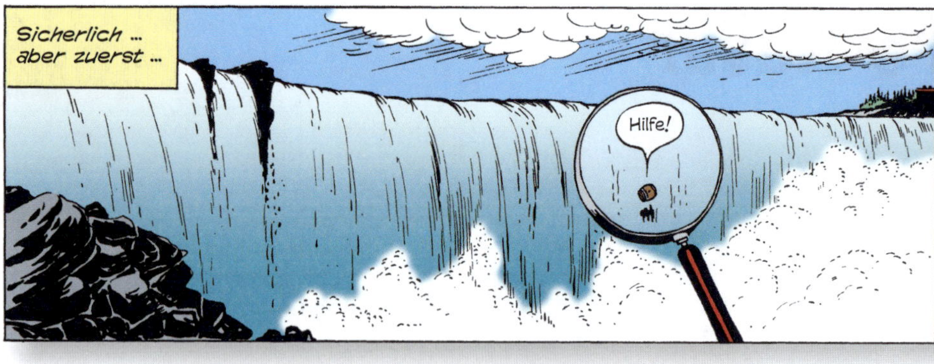

Im Holzfass durch den Gumpenfall.

Rings um Entenhausen findet man herrliche Wälder, Naturschutzparks, Berge, Flüsse, Seen und Wasserfälle. Neben dem Gumpenfall gibt es übrigens noch drei weitere in und um Entenhausen herum: Es sind die schmalen, aber unheimlich tiefen **Teufelsfälle (F6)** in der Teufelsschlucht[132], hinzu kommen der Wasserfall südöstlich von Schnabelweid unweit des Reservoirs der Entenhausener Wasserwerke **(D6)** und der filmreife Wasserfall südlich der Düsenritterbrücke **(J4)** (in Sichtweite der Satanszacke). Sie alle sind aber nur ein Teil der atemberaubenden Naturerlebnisse, die Entenhausen auszeichnen.

Dass zu viel Ruhe und Abgeschiedenheit nicht immer nur eitel Freude Sonnenschein bedeuten, zeigt uns das Ferienerlebnis des kleinen Herrn Duck mit seinen Neffen im Hausboot auf eben diesem Großen Erpelsee.[130] Hier kam es infolge verschiedener Missverständnisse erst zu einem Bootsbrand und dann zu dem berühmten Sturz mit dem Fass in den Gumpenfall (siehe dort!), den Donald Duck nur mit Mühe überstanden hat. Zusätzlich kostete ihn dieses Malheur auch noch eine verlorene Wette mit seinem Nachbarn und somit einen ausgewachsenen Truthahn.

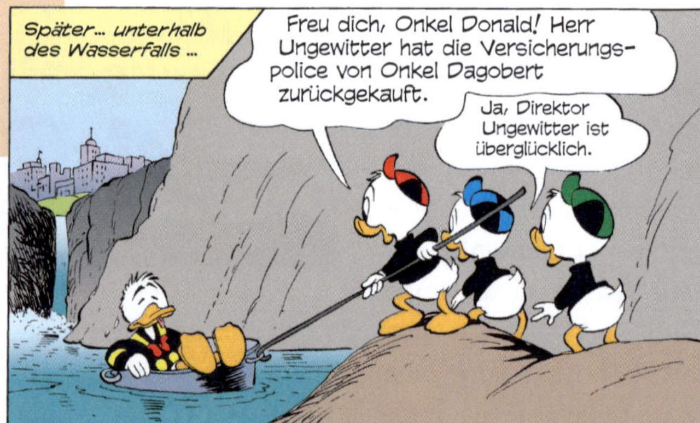

Die Teufelsfälle ➔

Von der Gumpe, der Lebensader Entenhausens, wissen wir, dass sie weit landeinwärts in den östlichen Bergen entspringt. Rund zehn Kilometer vor Entenhausen durchfließt sie den Großen Erpelsee. Ein paar Kilometer weiter westwärts durchfließt sie zusätzlich den Kleinen Erpelsee bei Gösselstadt, um dann nach einem weiteren Kilometer über den gewaltigen **Gumpenfall**[131] **(E-F12)** ebenso gewaltig an Höhe zu verlieren. Wozu brauchten die Entenhausener also die Niagarafälle, wo es doch den **Gumpenfall** gibt! Sein brausendes Getöse ist nicht nur in ganz Gösselstadt zu hören, sondern auch bis Schwanensee und Antengrün deutlich zu vernehmen. Erst die Poppenbüller weiter flussaufwärts im Osten bleiben dank ihrer geschützten Lage nordöstlich des Falles von dem Dröhnen verschont.

Man erreicht den **Gumpenfall** übrigens von Antengrün oder Schwanensee mit Zubringerbussen. Dabei haben die in Antengrün am Bahnhof startenden Busse natürlich einen auf den Zugverkehr abgestimmten Fahrplan, um unnötige Wartezeiten zu vermeiden.

Nach all diesen herrlichen Naturschönheiten machen wir einen Ausflug in die Berge und Gebirge, die Entenhausen umgeben. Natürlich muss auch auf diese Giganten aufmerksam gemacht werden. In allen Formen und Höhen treten sie in Erscheinung. Gebirge wie das Fichtel- oder das Coyotengebirge im Norden, die wilden Rocky Mountains mit ihren Tafelbergen im Nordosten und das riesige Adlergebirge im Südosten prägen den Horizont um Entenhausen. Dann wiederum erkennt man nur einzelne Bergkegel, wie den **Ochsenkopf** westlich von Gänseburg, den **Drachenberg** in der Colorado-Schleife kurz vor dessen Mündung, die **Nadelzinne**[133] direkt östlich des Nobelviertels Westend **(G4)** und den **Schlangenfelsen**[134] **(G5)** zwischen dem herrlichen Westpark und dem Möwensund.

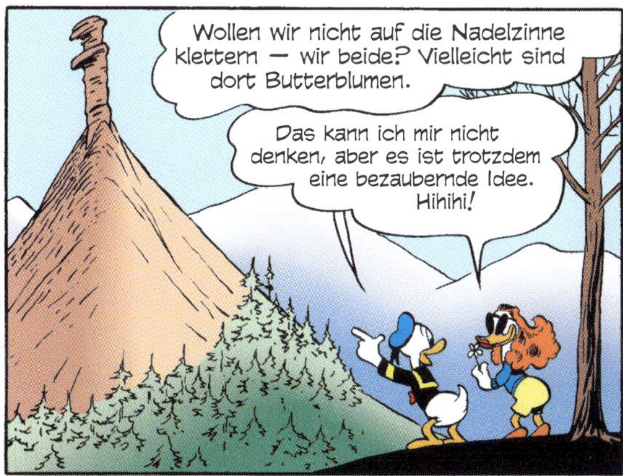

← Die Nadelzinne vor dem Erdrutsch.

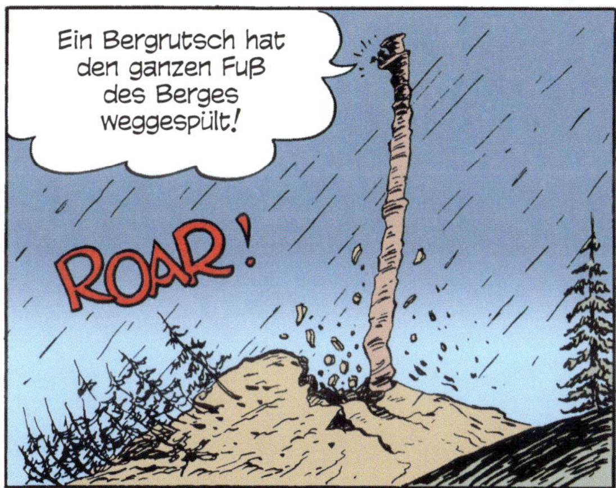

← Die Nadelzinne nach dem Erdrutsch.

Die Nadelzinne erzielte dereinst größere Aufmerksamkeit, als der sie umgebende Bergkegel ganz plötzlich in sich zusammensackte und nur der versteinerte ehemalige Vulkanschlot endgültig wie eine in den Himmel ragende Nadel (daher der Name!) stehen blieb. Aufregend war die Sache besonders deswegen, weil sich gerade zum Zeitpunkt des Bergrutsches der kleine Herr Duck und seine ganz neue Picknickbekanntschaft Fräulein Schwan mutterseelenallein auf der Gipfelplattform befanden und das auch noch bei sehr misslicher Wetterlage. Es war ein nicht ganz einfaches Unterfangen, die beiden unbeschadet von dort oben wieder herunterzubekommen, und letztlich war es erneut der Pfiffigkeit von Donald Ducks Neffen zu verdanken, dass alles doch noch einigermaßen glimpflich abgelaufen ist.

Es finden sich allerdings auch sanftere Hügel wie der **Kuckucksberg**[135] im Norden an dem berühmten Stausee, in dem Dagobert Duck vor langer Zeit seine Taler und Kreuzer vor den berüchtigten Panzerknackern in Sicherheit bringen wollte, oder den Hirschenhügel – im Osten zwischen Golfplatz und Raketengelände gelegen. Viele weitere Beispiele ließen sich noch anführen, aber alles findet sich im beigefügten Stadt- und Umgebungsplan. Hier nur die beiden höchsten und markantesten Erhebungen:

Der 1800 m hohe **Ochsenkopf**[136] **(D7)** ist nicht nur ein hoher Berg, sondern auch ein klassisches Beispiel für den Geschäftssinn von Dagobert Duck. Im Winter und auch in der schneereichen Vor- und Nachsaison betreibt er hier – oft auch ganz persönlich – seinen (scheinbar!) gebührenfreien Skilift. Und selbst Skier händigt er in der Talstation ohne Leihgebühr aus. Das hört sich auf den ersten Blick alles recht nobel an, doch wenn man mit seinen Skiern erst einmal oben ist, sieht alles plötzlich völlig anders aus, denn der **Ochsenkopf** ist an seiner Spitze plötzlich so steil abfallend, dass ein Schild dringend davor warnen muss, die Abfahrt anzutreten. Dieses Schild ist eigentlich völlig überflüssig, denn da es hier fast senkrecht nach unten geht, könnte man ebenso die Eigernordwand im Berner Oberland in der Schweiz per Ski runtersausen. Auch das würde sich nicht unbedingt empfehlen und da die Abfahrt vom Ochsenkopf aus besagten Gründen nur mit dem Lift möglich ist und diese aber – erst oben angezeigt – drei Taler kostet, entpuppt sich das ganze Unternehmen dann doch als absolute Abzocke. Darum muss in diesem Reiseführer davor gewarnt werden, den Besuch des Ochsenkopfes auf Skiern ohne Bargeld realisieren zu wollen, auch wenn Dagobert Duck diesen Hinweis für geschäftsschädigend halten wird und uns seine Juristen Dr. Geier, Dr. Habicht, Dr. Bussard usw. auf den Hals schicken könnte.

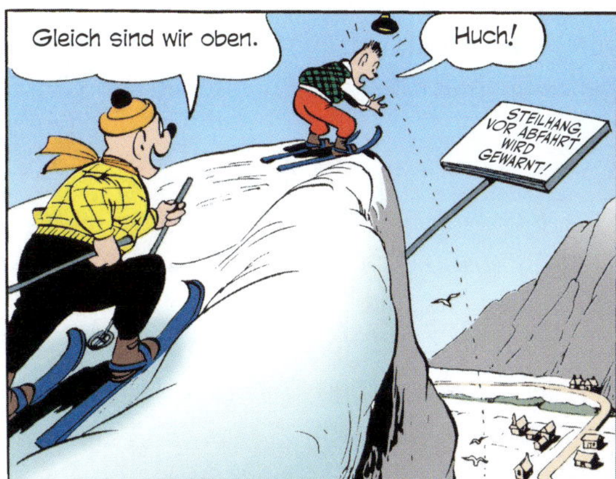

Blick vom Ochsenkopf.

Wem es allerdings hauptsächlich um den fantastischen Ausblick vom Gipfel des Ochsenkopfes geht, der ist auch für drei Taler hier oben bestens beraten. Für diese drei Taler kann man eine atemberaubende Aussicht genießen. Bevor man danach mit dem Lift wieder die Talsohle erreicht, sei ein Blick nach Norden zum Fichtelgebirge sowie ein Blick südwärts über die Stadt empfohlen. Mit diesen wunderschönen Eindrücken setzt uns der Lift sanft unten im Tal wieder ab.

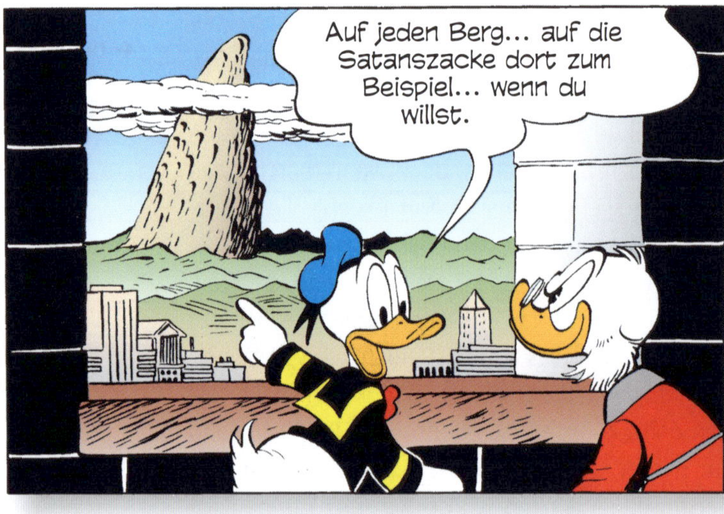

Blick zur Satanszacke.

Wettstreit an der Satanszacke. →

Der absolute Gigant unter Entenhausens Bergen ist die **Satanszacke**[137] **(J-K5)**, südwestlich der Bilgenbucht, von älteren Einwohnern mitunter auch immer noch **Teufelshorn** genannt. Wenn der Ochsenkopf mit seinen 1800 m Höhe schon ziemlich gewaltig wirkt, dann haben wir es hier glatt mit einem 4000er, wenn nicht sogar mit einem 5000er zu tun! Jedenfalls ist das ein unvorstellbar hoher Berg, der seinesgleichen sucht, und deshalb konnte seine genaue Höhe bisher auch noch nicht ermittelt werden. Meist ist er zudem so sehr von Wolken und Dunst umgeben, dass man seine ganze himmelhohe Pracht nur ahnen kann.

An dieser Stelle muss endlich einmal gesagt werden, was das für eine tolle bergsteigerische Meisterleistung von Donald Duck war, diesen Berg zu bezwingen, nur mit Pickel und Seil ausgerüstet, zusätzlich im Kampf gegen allerlei Raubtiere, die der gerissene Dagobert Duck auf der Satanszacke aussetzen ließ, um seinem Bergsteigerkonkurrenten Donald das Leben schwer zu machen! Andererseits ist es wohl der Jugend der Neffen zuzuschreiben, dass diese es sogar ohne Seil, aber dafür wenigstens mit Ohrenschützern ausgerüstet, fast rennend auf den Gipfel schafften! (Na ja, so jung und dann noch mit Hexenunterstützung ist das eigentlich auch kein Wunder![138])

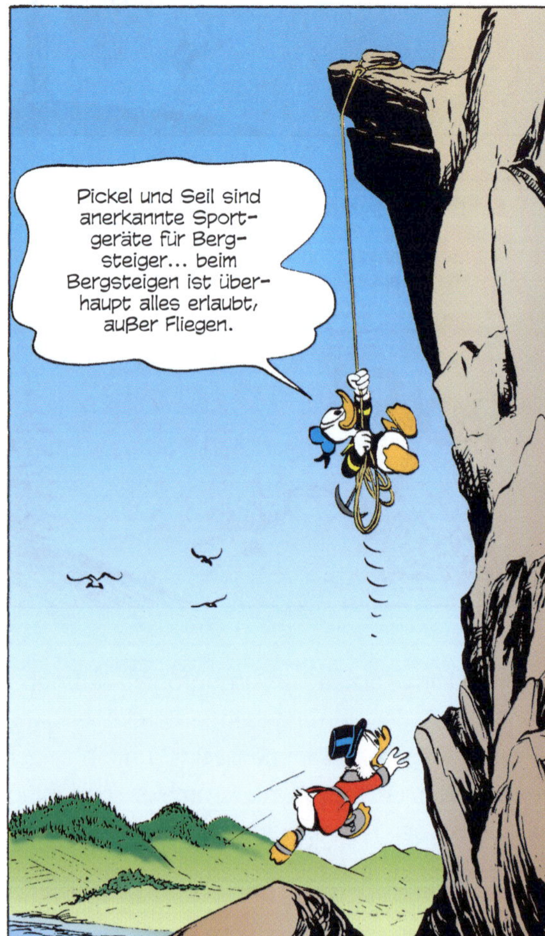

Den Musikfeinsinnigen unter den Besuchern Entenhausens sei unbedingt ein Abstecher ins nördliche **Äolsgebirge**[139] **(B9)** bei **Oberlawinenbrunn** nördlich des kleinsten der Entenhausener Flughäfen vorgeschlagen, das von vielen Höhlen durchzogen ist. Die wirken bei windigem Wetter wie Windkanäle und im Äolsgebirge tönt es dann „wie von tausend Orgeln"! Bekannte Komponisten haben sich hier schon inspirieren lassen und sich Ideen für neue Meisterwerke der Klassik und der Popmusik um die Ohren blasen lassen. Auch der international bekannte Stardirigent des Entenhausener Sinfonieorchesters, Basso Bompopoff, soll hier schon des Öfteren gesichtet worden

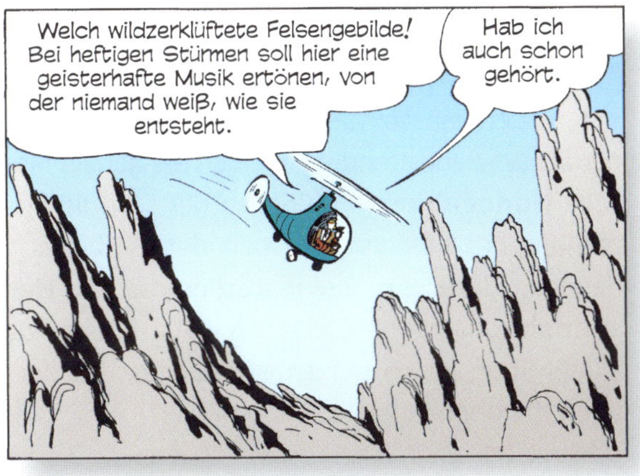

← **Das Äolsgebirge.**

sein, wie er in inniger Verzückung die Spiele des Windes dirigierte.

Als krönender Abschluss sei Ihnen ein Picknick im **Höllental** direkt am Fuße des **Äolsgebirges**[140] angeraten. Dabei sollten Sie sich allerdings die Wolken genau anschauen. Sollten die vereist sein – und das kann hier vorkommen! –, sollten Sie schleunigst den Rückweg antreten! Es empfiehlt sich hier wie auch bei anderen Anlässen, sich den vielen Entenhausener Gruppen und Vereinen anzuschließen, die immer wieder zu Ausflügen und Wanderungen einladen, zu denen jedermann herzlich eingeladen ist. Gerade Einzelreisende finden hier schnell Zugang zu den grundsätzlich sehr kontaktfreudigen Entenhausenern und man lernt dadurch sehr schnell Dinge kennen, auf die man allein gar nicht gekommen wäre.

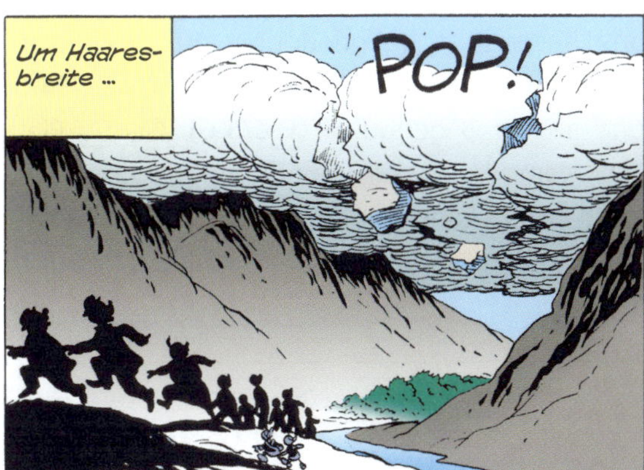

← **Eiswolken über dem Höllental.**

Jetzt haben wir so viel von Wäldern und Gebirgen gehört, dass es endlich Zeit wird, sich der wunderschönen **Küstenlandschaft** Entenhausens zuzuwenden. Hier wimmelt es von kleinen, feinsandigen Buchten und Strandabschnitten, die zum Baden einladen. Das beginnt schon ganz im Süden am kilometerlangen Sandstrand des Fischerdorfs westlich von Antenbüttel.[141] **(K1)** Abseits vom Großstadtgetümmel findet hier jeder die Ruhe und den Freiraum, die er benötigt. Dazu kommen die herrlichen Sonnenuntergänge, die für sich allein schon jeden Strandbesuch zu einem Erlebnis werden lassen. Das gilt auch für den herrlichen Sandstrand nördlich des leider abgerissenen Forts Fliegentrutz[142] **(H-J3)**, der über einen Kilometer nordwärts bis an den Fuß des Heldenberges heranreicht.

Das alte Fort Fliegentrutz.

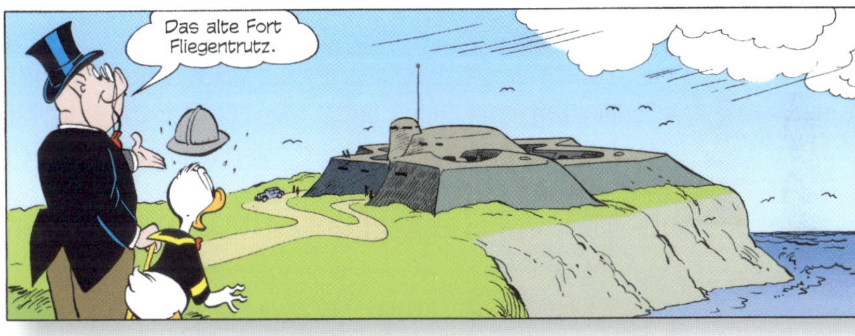

Ein besonders schöner und exklusiver Strandabschnitt[143], bei dem Sie erfolgreich Ihre neue Badeausstattung zur Schau tragen können, befindet sich direkt vor dem Nobelbereich Westend **(G-H4)** und hier können Sie noch die Besonderheit genießen, dass der Strand durch einen herrlich schattigen Waldstreifen von der Bebauung abgeschirmt ist. Vom Möwensund im Norden bis zum Leuchtturm am „Kanal" im Süden nichts als herrlicher Sandstrand. Natürlich aufmerksam umsorgt von Bademeistern, die alles im Blick haben und denen es nur darum geht, dass Sie sich rundherum wohlfühlen.

Ein besonders idyllisches Plätzchen findet sich etwas weiter nördlich an der Mondbucht[144] **(F4)**, an deren Gestade sich die berühmtesten Entenhausener Architekten mit kunstvoll gestalteten Bungalows ihre Denkmäler gesetzt haben. Wer hier zu früher Stunde erscheint, wenn die wärmende Sonne über den Haudegenberg an den Strand scheint, an dessen Rückseite sich eine berühmte Schmiede befindet, der hat noch lange die ganze Bucht für sich allein.

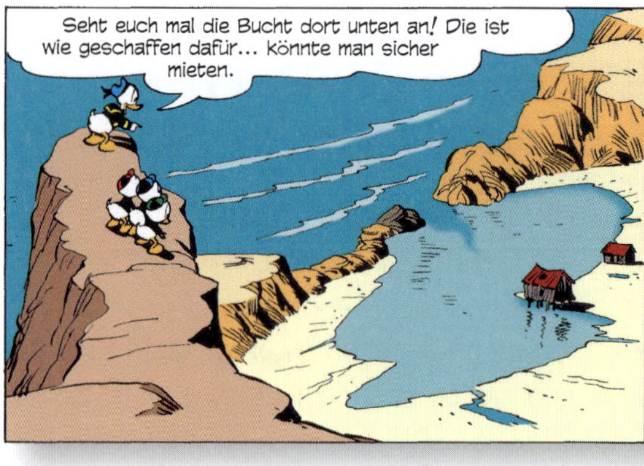

Die Walfischbucht.

Wenn es Sie noch weiter in den Norden zieht, sei Ihnen der Dünenstrand[145] **(D4-5)** empfohlen, der überwiegend nach Süden ausgerichtet und daher besonders sonnig ist. Von dort haben Sie einen wunderschönen Blick über die Bucht auf den Leuchtturm Kap Quack[146], der auch schon allerlei stürmische Zeiten erlebt hat. Zur sehr geschützt liegenden Walfischbucht[147] sind es nur ein paar hundert Meter und hier können Sie ebenfalls Ruhe und Beschaulichkeit genießen, wenn es nicht gerade mal wieder jemandem einfällt, in dieser kleinen Bucht einen ausgewachsenen Wal „zwischenzulagern“.

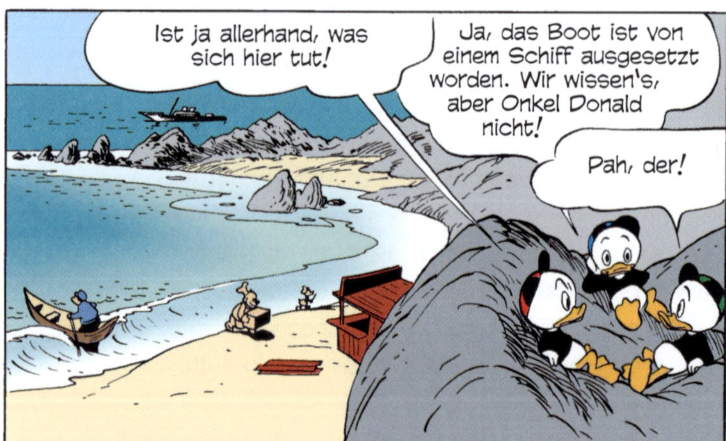

Leben an der Hunnenbucht.

Noch weiter nördlich am Fuße des Fichtelgebirges mit seinem Naturschutzpark „Bärenforst“ finden sich weitere einsam gelegene kleine Buchten mit herrlichem Sandstrand: zum einen die geheimnisvolle **Hunnenbucht**[148] **(C5)**, an der sich die Entenhausener Küstenwache befindet, und gleich daneben der kleine Strandabschnitt an der **Hexenheide**, kurz vor Kirchenlamitz und daher zu jeder Mittagspause von den Mitarbeitern der dortigen Kanonenkugelgießerei bevölkert.

Wer es aber nun total einsam und noch weiter nördlich mag, der muss ganz nach Norden streben und nördlich der Mündung der „Alten Gumpe“, also noch nördlich von Gumpensund, an den **Nordstrand**[149] **(B7)** pilgern. Hier ist es mitunter nicht so warm und gemütlich wie weiter südwärts, weil immer wieder steife Brisen zwischen Fichtel- und Coyotengebirge über die Küste zum Festland fegen, aber wer es nicht nur still, sondern auch etwas robuster mag, der wird sich hier oben absolut wohlfühlen.

Damit wären die bekanntesten Küstenstrände beschrieben, aber darüber hinaus gibt es noch unzählige kleine, freundliche Badestellen an allen Bereichen, an den Flussufern vor deren Mündungen, auf den vorgelagerten Inseln, beidseits der Hafenstraße auf der Landzunge südlich vom Kap Quack **(D4-5)**, ebenso an der südlichen Landspitze der Bahamalulubucht **(E4)**, rund um den Möwensund **(F4)** und den Lachssee **(F-G45)**, wo herrliche Parklandschaften und Waldstücke bis ans Ufer reichen, auf der Robbeninsel im Möwensund **(F-G4)**, an den Ufern des „Kanals“ **(H4-6)** und an der Bilgenbucht **(H-J/5-6)**. Genug Platz also, damit jeder genau die für ihn richtige Badestelle finden kann.

128 „Munteres Bordleben“ (BARKS LIBRARY 3/4 – WDC 45).
129 „Der Regatta-Spezialist“ (BARKS LIBRARY DAGOBERT DUCK 17/2 – U$ 27/3).
130 „Friedliche Ferien“ (BARKS LIBRARY 21/3 – WDC 142).
131 „Friedliche Ferien“ (DIE TOLLSTEN GESCHICHTEN VON DONALD DUCK 12/6 – WDC 142).
132 „Berufssorgen“ (BARKS LIBRARY 29/1 – WDC 180).
133 „Gute Geldanlage“ (BARKS LIBRARY 8/1 – WDC 67).
134 „Die Prüfung“ (BARKS LIBRARY 30/3 – WDC 187).
135 „Der arme, alte Mann“ (BARKS LIBRARY Dagobert Duck 3/2 – FC 386/2).
136 „Ski Lift Leftdown“ (BARKS LIBRARY Dagobert Duck 1/26 – U$ 9/4).
137 „Die Macht des Geldes“ (BARKS LIBRARY 24/3 – WDC 157).
138 „Der goldene Weihnachtsbaum“ (BARKS LIBRARY Donald Duck 9/2 – FC 203/2).
139 „Geistermusik“ (BARKS LIBRARY Daniel Düsentrieb 4/2 – FC 1095/2).
140 „Der Regenmacher“ (BARKS LIBRARY 24/2 – WDC 156).
141 „Rache ist süß“ (BARKS LIBRARY 4/5 – WDC 51).
142 „Der große Zerstörer“ (BARKS LIBRARY 45-6 – WDC 264).
143 „Helden und Haie“ (BARKS LIBRARY 1/3 – WDC 33).
144 „Wer sucht, der findet“ (BARKS LIBRARY 15/2 – WDC 103).
145 „Der verhängnisvolle Ring“ (BARKS LIBRARY Daisy Duck 2/3 – FC 1150/2).
146 „Sturm am Kap Quack“ (BARKS LIBRARY 44/2 – WDC 256).
147 „Der Walfisch“ (BARKS LIBRARY 31/4 – WDC 193).
148 „Kommt zur Küstenwache!“ (BARKS LIBRARY 13/3 – WDC 94).
149 „Verhängnisvolle Verkleidung“ (BARKS LIBRARY 49/1 – WDC 280).

Nach Paris der Liebe wegen ... und nach Entenhausen ??

Es soll ja auch Leute geben, die fliegen von sonst wo auf der Welt nach Berlin, um endlich einmal in den Genuss einer **richtigen** Currywurst mit Pommes und Ketchup zu kommen. Oder es gibt auch solche Exoten, die sich nur in Paris die Haare schneiden lassen. Manche kaufen sich einen neuen Maßanzug in Italien, oder, oder, oder.

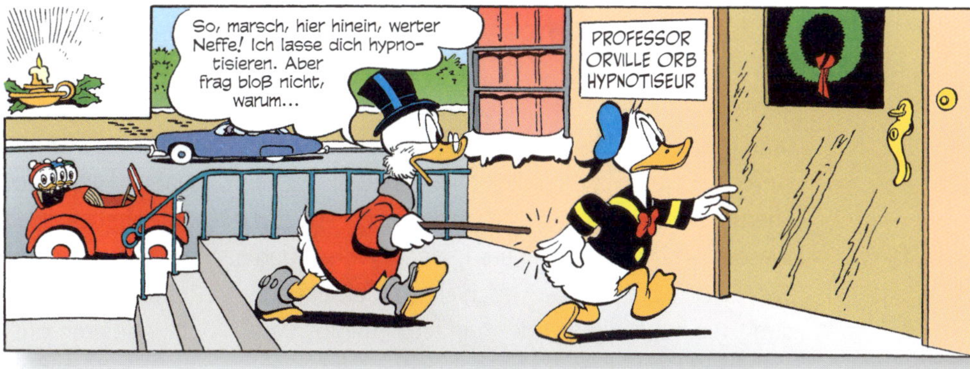

Hypnosepraxis Orville Orb.

Gibt es eigentlich auch etwas ganz Besonderes in Entenhausen, was man außer hier so an keinem anderen Ort der Welt bekommt?

Na klar!

Haben Sie schon einmal darüber nachgedacht, sich hypnotisieren zu lassen?

Jetzt rufen Sie nicht gleich: „Auweia, da wacht man womöglich nicht mehr auf!", oder so was, denn in Entenhausen erwarten Sie Kapazitäten wie Professor Popanz[150], Professor Piepenström[151] oder Orville Orb[152], alles große und erfahrene Hypnotiseure!

Und wozu die Hypnose eigentlich gut sein soll?

Ja, haben Sie schon einmal überlegt und sich Gedanken darüber gemacht, wie hilfreich es sein kann, per Hypnose zum Beispiel für eine Zeit lang in einen Gorilla verwandelt zu werden? Gerade wenn man viel Geld verliehen hat und der Schuldner nicht zahlen will, weil er sich Ihnen auch körperlich überlegen fühlt? Ein Gorilla hat hier ganz andere Möglichkeiten und schwups! sind alle Schulden zurückgezahlt!

Oder – was unter Umständen noch viel einträglicher sein kann – Sie lassen sich bei Professor Popanz per Seelenwanderung in eine frühere Existenz aus ferner Vergangenheit zurückversetzen. Vielleicht haben Sie ja in grauer Vorzeit einen Schatz vergraben und davon gar nichts mehr gewusst? Die Hypnose holt alles wieder ins Gedächtnis zurück und wer weiß, was Sie da heute vielleicht irgendwo wieder ausgraben oder wo Sie plötzlich und unerwartet Ihrem Glück begegnen?

Und das alles für nur zehn Taler die Hypnose-Minute!

Entenhausen hat also weit mehr zu bieten als spannende Geschichte(n) und tolle Sehenswürdigkeiten! An jeder Ecke warten Überraschungen auf Sie und Sie wären nicht der Erste, der seine Rückfahrkarte verfallen ließ und sich für immer in Entenhausen niedergelassen hat!

150 „Reise in die Vergangenheit" (BARKS LIBRARY Dagobert Duck 11/3 – U$ 16/2).
151 „Australisches Abenteuer" (BARKS LIBRARY Donald Duck 7/2 – FC 159/2).
152 „Rat einmal!" (BARKS LIBRARY Donald Duck 11/2 – CP 2).

Wo kommen eigentlich die ganzen Informationen her?

13 Jahre Forschung

waren erforderlich, um den „einzig wahren Stadt- und Umgebungsplan von Entenhausen" zu erstellen. Es gab zig (Er-)Forschungsgebiete zum Thema Entenhausen: Zuerst galt es, sich auf das Wesentliche zu konzentrieren, denn wenn man *alle* Zeichner und *alle* Geschichten berücksichtigen wollte, dann würde man sich maßlos verzetteln und zu keinem klaren Ergebnis kommen! Zu einem vernünftigen und plausiblen Stadtplan natürlich schon gar nicht!

Was also tun? Es war von größter Wichtigkeit, sich auf einen Zeichner zu konzentrieren. Und warum dann nicht gleich auf den besten? Auf den, der uns Entenhausen so vermittelt hat, wie wir es heute kennen? Und der zuerst von solch tollen Persönlichkeiten wie dem reichen Dagobert Duck, dem genialen Erfinder Daniel Düsentrieb (mit seinem Helferlein), dem ewigen Glückspilz und Angeber Gustav Gans, der raffinierten Hexe Gundel Gaukeley und der ständig hinter Dagoberts Geld her seienden Panzerknacker-Bande zu berichten wusste!

Somit galt es, alle rund 700 Geschichten (also das komplette Werk!) des genialen Zeichners der Duck-Geschichten **Carl Barks** in der genialen Übersetzung von Frau **Dr. Erika Fuchs** genau zu durchforsten – und das waren immerhin weit über 6250 Comicseiten! *Jede Seite, jedes Bild, jede Szene und jede Landschaft* wurde für den Stadtplan ausgewertet, jede Kleinigkeit und alle Einzelheiten, alle Geldspeicher von Dagobert Duck sind enthalten, alle Werkstätten und Wohnungen des genialen Erfinders Daniel Düsentrieb, alle Häuser, in denen Donald Duck mit seinen Neffen Tick, Trick und Track gewohnt hat, und natürlich auch alle Häuser und Wohnungen von seiner Freundin Daisy! Hinzu kommen natürlich alle Denkmäler Entenhausens, alle bekannten Tankstellen, die drei Flughäfen, sämtliche Buchten und Seen, der (einzige erwähnte) Friedhof (aus der Geschichte „Spendieren oder schikanieren"), auch die Bahnhöfe und Eisenbahnlinien, Dämme, Zoos, Kirchen, Schulen, Postämter usw., usw.!

Irgendwann zeigte sich unser geliebtes Entenhausen in seiner ganzen Pracht und Schönheit mit seiner Lage an der Westküste eines großen Meeres mit kleinen vorgelagerten Inseln, großen Bergen im Norden, Osten und im Süden und einer beeindruckenden Wüste ganz in der Nähe. Es kristallisierte sich alsbald ein Stadtbild heraus, welches interessanter, liebenswürdiger und verträumter kaum sein konnte, und das alles mit dem Flair einer Weltmetropole.

Sie haben diesen Reiseführer gelesen, sind mit dem Finger auf der Karte umhergewandert, und wie ich mir vorstellen kann, kennt Ihre Neugier auf diese einmalige Stadt keine Grenzen mehr. Besuchen Sie diese ungewöhnliche Weltstadt! Ihr Stadtführer wird Ihnen ein unentbehrlicher Begleiter sein.

Viel Spaß mit und in Entenhausen wünscht

Jürgen Wollina,

Donaldist, Stadtplanforscher und -zeichner.

Unsere Bücher finden Sie im
Buch- und Fachhandel und auf

EGMONT Shop

www.egmont-shop.de

„Reiseführer Entenhausen – Die schönsten Sehenswürdigkeiten"

Mit Stadtplan zum Herausnehmen

Originalausgabe von Jürgen Wollina
Erstmals erschienen 2010

Übersetzung der Texte in den Comic-Panels aus dem Amerikanischen:
Dr. Erika Fuchs

© 2023 Disney Enterprises, Inc.

Texte des Reiseführers © 2023 EGMONT Verlagsgesellschaften mbH/
Jürgen Wollina
Planzeichen des Stadtplans © 2023 EGMONT Verlagsgesellschaften mbH/
Jürgen Wollina

Erschienen in der EGMONT COMIC COLLECTION
verlegt durch EGMONT Verlagsgesellschaften mbH,
Ritterstr. 26, 10969 Berlin

2. Auflage der Neuausgabe
Verantwortlicher Redakteur: Fabian Gross
Redaktion: Johnny A. Grote
Textkorrekturen: Etsche Hoffmann-Mahler und Elvira Brändle
Umschlaggestaltung und Gestaltung des Reiseführers: Wolfgang Berger
Gestaltung des Stadtplans: Jürgen Wollina und Wolfgang Berger
Koordination: Angelika Schönhuber
Printed in the EU
ISBN: 978-3-7704-0246-5

Alles rund um Entenhausen:
www.egmont-shop.de
www.egmont-comic-collection.de
@egmont_comic_collection

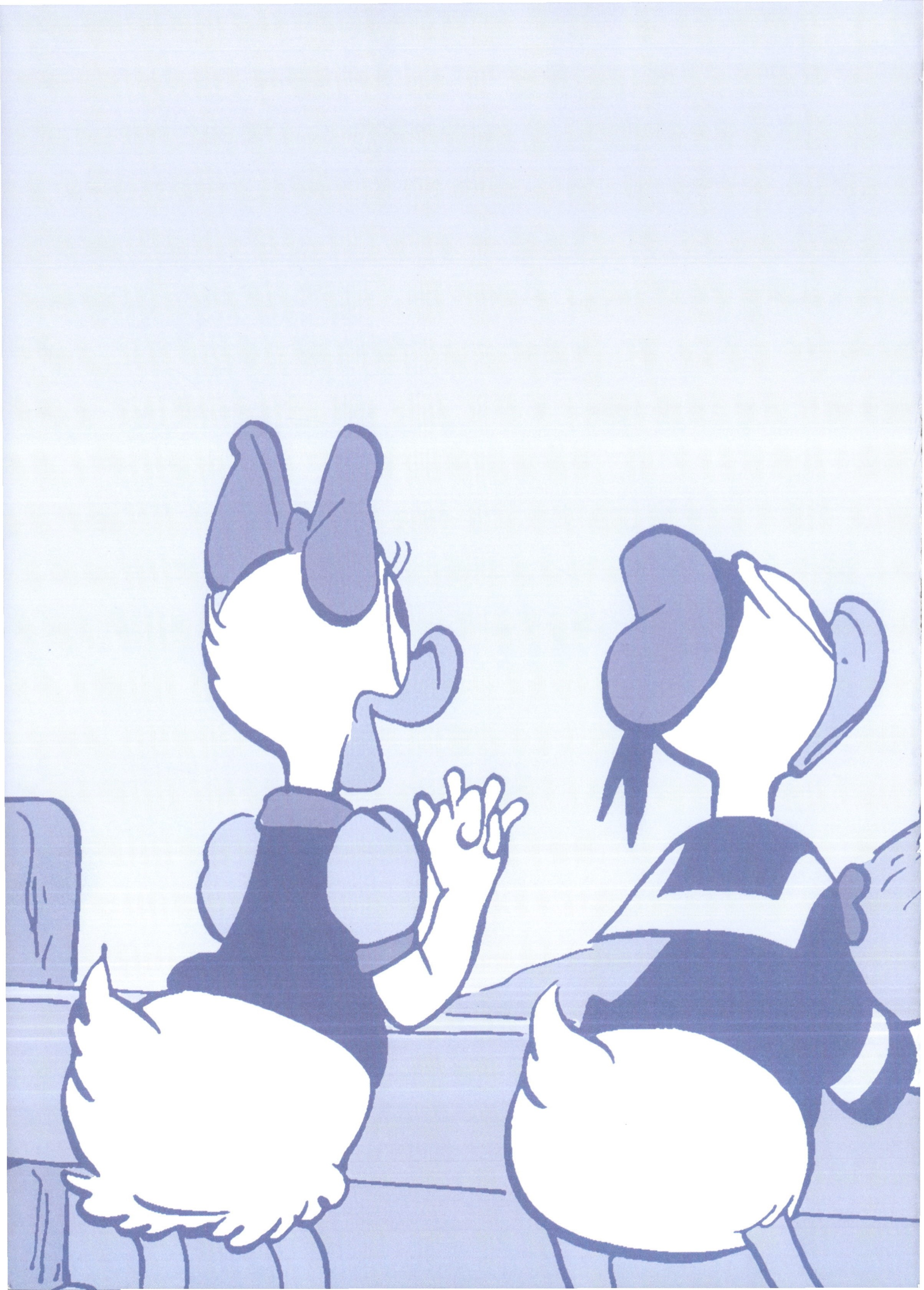